大学生の
キャリアとジェンダー

大学生調査にみるキャリア支援への示唆

谷田川 ルミ

学文社

まえがき

　1992年のバブル崩壊以降，長期不況の中で，世間での日本の大学における「就職」への関心は明らかに変わったと感じる。それまでは入学難易度＝偏差値が大学の良し悪しを測る指標となっていたが，「就職率」が大学の評価基準にとって代わり，各大学では急速にキャリア支援に力を注ぐようになっていった。本文中でも述べているが，キャリア支援は，18歳人口減の時代の到来を控えた大学にとって，学生の教育面のみならず，経営面においても重要な取り組みでもあった。それだけに各大学がこぞってキャリア支援に力を入れる中で，その性急さのあまり，主役であるはずの大学生の実態という最も重要なものが見落とされてきたように思えてならない。キャリア支援の機運が盛り上がりを見せてから10年余が経過した現在，今一度，「キャリアとは何か」という根源的な課題と大学生のキャリアにかかわる意識の実態をしっかりと見据える必要があるのではないか。これが本書の最も大きな問題関心の源である。

　本書の構成は以下のとおりとなっている。

　第1章と第2章では，実証研究に先だって，大学におけるキャリア支援がどのように展開されていったのかを戦後史の形で追っている。第2章は女子学生のキャリア支援に特化したものである。第3章では，第4章以降の実証研究の枠組みとなる理論と分析モデルを示した。第4章から第6章までは，女子学生のライフコース展望に注目し，その特徴と大学生活との関連，時系列による意識の変化について計量的に分析している。第7章では，男子学生の意識に注目した分析を行った。第8章では，女子学生と男子学生の意識をパラレルに読み解き，両者のライフコース展望を男女の関係性という観点から分析している。そして終章で本書の分析結果を概観し，大学におけるキャリア支援へのジェンダーの視点の重要性についての総括的な議論を行った。

　話は変わるが，筆者が大学院に在籍していたころ，筆者の専門である教育社

会学の領域からは非常勤講師として著名な先生方が来てくださっていた。教育社会学には，実証に重きを置き，結果を客観的に分析するという学問的なスタンスがあるのだが，その考え方に対しては，他の教育学の専門領域や教育現場からは「言いっぱなし」「具体的な解決策の提案がない」といった批判も多かった。しかし，一方で，教育社会学の中でも，さまざまな教育問題に対して，研究成果をもって「挑む」流れも出はじめていた。こうした状況に対して，筆者は多くの教育社会学を専門としている先生方に対して，「研究は"役に立つ"ものであるべきなのかどうか」といった質問を度々ぶつけていた。その問いに対する回答はさまざまであったのだが，大学院で研究を続け，学会などで多くの研究者との交流を重ねるうちに，だんだんと自分の研究に対する姿勢に答えを出すことができてきたように思う。

　本書において筆者は，大学におけるキャリア支援に対して「かくあるべき」「こうすればよい」といったような具体的な提言は避けている。大学教育に限らず，教育の現場はその場所ごとに異なる論理が存在し，環境も違えば，教育対象となる児童／生徒／学生のタイプも異なる。現代の日本の大学においても，機関ごとに学部学科構成，立地，組織運営，カリキュラム，学生の質等，それぞれの特性が存在する。こうした多様な環境にある大学教育に対して，一つの解を提示することは非常に困難であると考えているためである。とはいえ，研究を研究のままにするのは本意ではない。得られた研究成果は現場での教育活動に生かす「材料」であってほしいと思っている。読者の皆さんが所属しているさまざまな教育現場の状況に応じ，本書の分析結果を用いてさらなるキャリア支援策の改善に役立てていただくことを強く願っている。よって，本書は教育社会学や高等教育の研究者のみならず，大学教育に関わる教職員の方々をはじめ，大学生の学生支援，キャリア支援に関心のある方々に手に取っていただき，今後の大学教育を考えるための手掛かりとしていただければ，筆者としては本望である。

　　2016年1月

　　　　　　　　　　　　　　　　　　　　　　　　　　　著　者

目次

まえがき　i

序章　大学のキャリア支援に必要な視点とは何か……1

第1節　大学のキャリア支援におけるジェンダーの視点の重要性　1
1. 本書の目的　1
2. 大学におけるキャリア支援の教育政策的位置づけ　4
3. 主要概念の説明——「キャリア」「ライフコース」とは何か　6

第2節　先行研究の検討　8
1. 大学における学生支援，キャリア支援の歴史に関する研究　8
2. 大学における「キャリア支援」「キャリア教育」に関する研究　10
3. 大学生のライフコース展望とジェンダーに関する研究　13

第3節　本書の研究課題　14

第1章　戦後日本の大学におけるキャリア支援の歴史的展開……17

第1節　本章の目的　17
第2節　厚生補導の導入　18
第3節　キャリア支援への道のり　19
1. 就職指導，職業指導の急速な発展と定着　19
2. 景気変動の中における就職指導 —「斡旋」から「指導」へ　21
3. 大学中心の「指導」から学生中心の「支援へ」　24
4. 「就職」支援から「キャリア」支援への道のり　25
5. キャリア支援のカリキュラム化　27

第4節　有効なキャリア支援に向けて　32

第2章　女子学生に対するキャリア支援の歴史的展開 …… 35
第1節　女子学生へのキャリア支援の困難　35
第2節　女子学生に対するキャリア支援の歴史的展開　37
1. 厚生補導における女子学生の位置づけ　37
2. 女子学生の増加と社会進出の影響　42
3. 女子学生の就職難と就職支援の強化　46
4. キャリア支援の導入による女子学生支援への影響　51
第3節　ジェンダーの視点を取り入れたキャリア支援の必要性　56

第3章　大学生調査：実証分析の方法と理論の検討 …… 60
第1節　計量的モノグラフへの注目　60
第2節　大学生研究の理論的検討　62
1. カレッジ・インパクト研究　62
2. チャーター理論　66
3. ジェンダー・トラック研究　67
第3節　実証分析の枠組み　69
第4節　使用データの説明　72
1. 「大学生の生活と意識」調査（大学生調査）の概要　72
2. 「現代の大学生，専門学校生の意識」調査（女子学生調査）の概要　74

第4章　女子学生の「女性性」意識に関する実証的研究
　　　　―ライフコース展望，入学難易度との関連に注目して …… 77
第1節　現代における女子学生のライフコース展望の分化への着目　77
第2節　先行研究の検討―女性内分化研究と「女性性」との関連　78
第3節　「女性性」という視点の投入　81
1. 「女性性」とは何か　81
2. 「女性性」指標の設定　81
3. 戦略としての「女性性」　83
第4節　使用データと変数の設定　84

第5節　女子学生の「女性性」意識とライフコース展望との
　　　関係の分析　85
　1．女子学生の「女性性」意識　85
　2．「女性性」意識とライフコース展望　87
第6節　「女性性」によるライフコース展望の分化メカニズム　93

第5章　伝統的なジェンダー観を支持する女子学生の特性　98

第1節　若年女性の保守化論の台頭　98
第2節　先行研究の検討──性別役割分業意識研究からの知見　100
　1．性別役割分業意識研究　100
　2．若年女性の保守化論　101
　3．分析課題　101
第3節　使用データと分析の枠組み　102
第4節　伝統的なジェンダー観の規定要因　103
　1．女子学生のジェンダー意識　103
　2．伝統的なジェンダー観を規定する要因　107
　3．伝統的なジェンダー観を支持する層の分析　109
第5節　伝統的なジェンダー観を支持する女子学生の特性　112
第6節　現代社会における女子学生の「保守性」　114

第6章　女子学生の家庭志向は高まっているのか　117

第1節　「失われた10年」を経た女子学生のライフコース展望　117
第2節　先行研究と分析課題──ライフコース展望の変化と規定要因　119
　1．ライフコース展望の年次変化の研究　119
　2．ライフコース展望の規定要因の研究　119
　3．社会経済状況がライフコース展望に与える影響　120
　4．分析課題　121
第3節　使用データと分析の枠組み　122
第4節　女子大学生のライフコース展望の10年変化　124
　1．男女別の分析　124
　2．属性別（女子のみ）の分析　125

第5節　女子学生のライフコース展望の規定要因の変化　127
　1．ライフコース展望の規定要因　127
　2．ライフコース展望の規定要因の変化　129
　3．現代の女子学生のライフコース展望と性別役割分業意識　131
第6節　「仕事志向」の減少と「家庭志向」の増加の背景　133

第7章　男子学生は将来のパートナーにどのような生き方を望んでいるのか……137

第1節　キャリアとジェンダー研究における男子学生への視点　137
第2節　男子学生が将来のパートナーに望む生き方の規定要因　140
　1．属性別の分析　140
　2．親の学歴との関係　142
第3節　性別役割分業意識との関係　144
第4節　キャリア意識と男女の関係性　146

第8章　現代大学生のキャリアとジェンダー
　　　　　―女子学生と男子学生の意識の関係性の分析……148

第1節　はじめに　148
第2節　先行研究と本章の分析課題　149
第3節　大学生のライフコース展望の4時点変化　151
第4節　ライフコース展望からみる将来のパートナーとの関係性
　　　　（2013年データ）　152
　1．ライフコース展望の分布（男女別）　152
　2．ライフコース展望における男女の関係性　154
第5節　性別役割分業意識との関係　156
　1．性別役割分業意識の分布　156
　2．性別役割分業意識と自分自身の将来のライフコース展望　157
　3．性別役割分業意識とパートナーに望むライフコース展望　157
第6節　男女双方の意識からキャリア支援を考えることの重要性　159

終　章　有効なキャリア支援への示唆—ジェンダーの視点の重要性 163
　第1節　現代の大学生のキャリア展望にかかわる全体像　　163
　第2節　ジェンダーの視点を取り入れたキャリア支援の必要性　　165
　第3節　今後の課題　　167

あとがき　　168

引用・参考文献　　172

索引　　184

序　章
大学のキャリア支援に必要な視点とは何か

第1節　大学のキャリア支援におけるジェンダーの視点の重要性

1．本書の目的

　本書の目的は，今日の日本の大学において積極的に導入が進んでいるキャリア支援の課題を析出するべく，大学生調査のデータを用いて実証的な分析と考察を行うことである。

　大学におけるキャリア支援は，独立したものではなく，学生支援という大学生活全般の総合的な支援の一部分をなすものである。これまで，キャリア支援は就職支援という名目で，正課外の学生支援の一部として位置づけられてきた。しかし，2000年代以降，キャリア支援は大学が行う学生支援の中でもとくに注目され，これまでの正課外の活動としてではなく，「キャリア教育」というかたちで正課のカリキュラムの中に取り入れられるようになるなど，学生支援の枠を超えて大学教育の中心的な役割の一部を担うようになってきている。「キャリア教育」が大学において，正課としてカリキュラム化されるということは何を意味しているのだろうか。寺﨑昌男（2001：416）は，高等教育におけるカリキュラムを「大学・学部の教育意志の表現体」であると述べている。すなわち，「キャリア教育」がカリキュラム化されるということは，大学が学生に対して「教育すべきこと」として認識し，それを表明しているということである。

　このように，急速に大学教育の重要な位置に取り入れられるようになったキ

ャリア支援は，大学生の職業にかかわる意識と人生設計にかかわる意識の涵養を主目的としていながら，近年に起こった大学をめぐる諸問題 ―学生の就職難，進学率上昇に伴う学生の質の変化と学力低下，18歳人口減に伴う大学経営の問題等― の解決へ結びつく，あたかも「万能の薬」のように認識されはじめた。そして，これまで正課外の学生支援の一部という位置づけであったものが，支援を超えて「キャリア教育」という形で大学の正規のカリキュラムとして導入されるまでになり，学生支援の諸部門や構成員である教職員，そして教育の主体である学生たちといった，大学の機能全体を巻き込むかたちで急速に進展しつつある。それゆえに，教育目標，内容ともに混乱したまま，多くの大学において支援の取り組みが行われている状況となっている。現在の大学におけるキャリア支援は，その広がりの性急さゆえに，大学教育や大学生たちが抱える問題が置き去りにされたままとなっているのである。

　そこで，本書においては，1997年から2013年までの16年間において，複数回行った日本全国の大学生を対象とした大学生活や勉学活動，将来のライフコース展望，社会意識などを問う質問紙調査から現代の日本の大学におけるキャリア支援で考慮すべき課題を，支援の対象である大学生の実態を正確に把握することを通して実証的に明らかにし，問題点を整理する。

　分析に際しては，大学生の大学生活や将来展望に対する男女差（ジェンダー）に注目する。大学生のキャリア意識の醸成には，大学の授業によって社会人としての基礎教養や態度を修得することだけではなく，自らのもつジェンダー意識の影響が大きくかかわってくる。現代は女性のライフコース上の選択肢が拡大し，学歴，結婚，出産，職業等々，さまざまな可能性が個人の選択の前に置かれるようになった。このような時代において，女性にとっての「キャリア」の概念は，単に職業的なレベルのものとしてではなく，教育，結婚，出産，退職，子どもの属性等を含む総合的な概念となる。とりわけ女子学生においては，こうしたライフコース上のさまざまなレベルにおいて，どのような選択をするかによって，彼女たちのその後が大きく変わってくる。そして，選択に際しては「女性にとっていかなる生き方が価値あるものであるのか」といった理念の

対立，すなわち，ジェンダーをめぐる考え方から選択の結果に差異が生じる（盛山 2000）。したがって，彼女たちがどのようなジェンダー意識をもっているのかによって，将来のライフコース展望が異なってくるのである。さらに言えば，このような女子にとってのライフコース上の選択の困難は，男子にとっての「一家の大黒柱となるべく働くのが当然」というプレッシャーと表裏一体となっている。すなわち，女性のキャリアの問題は男性にとっての問題でもあるのである（加野 2009：47）。そのため，ジェンダーの視点から大学生のキャリアの問題を考えることは，女子学生のみならず，男子学生にとっても有益なことである。以上の理由から，本書における大学生調査の実証分析に際しては，ジェンダーの視点を取り入れる。

　なお，分析に先立って，キャリア支援の歴史的な流れを確認する。前述のとおり，キャリア支援は，学生支援の一分野であった就職支援の流れを汲みつつ，現代の大学教育や若者をめぐる社会問題を包含し，急速に進展した教育的な取り組みである。そのため，以前の時代に遡り，就職支援や学生支援と社会状況との対応関係を歴史的に追うといった作業を行うことは，現行の「キャリア支援」の混乱を今一度，根本から問い直すことにつながるといった点からも意義があるものと考えられるためである。

　そこで，本書においては，以下の2点を研究課題として分析を進めていく。

　第一に，日本の大学におけるキャリア支援はどのような歴史的展開を遂げたのか，第二に，女子学生のジェンダー意識と将来展望との関係のメカニズムはどのような構造になっているのか，以上の2つの研究課題を明らかにすることをとおして，現代の日本の大学におけるキャリア支援の課題を整理し，問題点を明らかにする。

　現代においては，大学進学率の上昇に伴い，大学生の質も多様化し，卒業後の進路の分化も以前に比べて複雑になってきている。進路の多様化は，そのまま社会構造上の問題から生じる格差と連動する可能性が高い。こうした社会背景にあって，今，大学に求められているのは，大学生の進路選択のメカニズムを理解したキャリア支援であると考えられる。そのため，大学生の実態に即し

た課題を浮き彫りにすることは，混乱の最中にあるキャリア支援の現状を整理し，より現実的なキャリア支援の実践に寄与する基礎的な知見を示すことができるものと考えられる。

2．大学におけるキャリア支援の教育政策的位置づけ

　本研究における教育政策的な側面としては，キャリア支援と学生支援が挙げられる。後述するが，キャリア支援は学生支援の一角を成すものである。ここでは，近年の大学において学生支援が強化された背景と学生支援の中でもとりわけキャリア支援が注目された経緯について説明する。キャリア支援の進展の過程については，第1章において詳述する。

　戦後の日本においては大学進学率が上昇を続け，2007年度では，高校卒業後53.7％が大学または短期大学に進学する時代となり，「ユニバーサル・アクセス」（トロウ1976）の時代を迎えた。このような大学の大衆化は大学生の多様化といった現象を生み出した。金子元久（2008）によると，多様化の要因としては，入学の障壁が低くなった結果の学力の低下に加えて，進学動機が曖昧なまま入学してくる学生の増加や，グローバリゼーションや情報化の進展といった社会の変化によって，大学生の自己認識や将来展望が流動化していることなどが挙げられるという。その結果，各大学においては，カリキュラム等の勉学面のみならず，学生生活全般にいたるまで，学生たちのニーズを把握し，改革や支援を行う必要性に迫られるようになった。このように，今日においては，大学教育そのものが変化を求められている。

　こうした現状をうけ，2002年頃から，文部科学省は「国公私立大学を通じた大学教育改革の支援」といったプログラムを打ち出し，各大学の改革の活性化を進めるべく，財政的な援助を始めた。その一環として「新たな社会的ニーズに対応した学生支援プログラム」が実施され，各大学では，大学教育の内容の工夫や学生に対するさまざまな支援策を講じるようになった。現在では多くの大学で「学生支援」の名を冠した部局や委員会が作られている。

　また，それ以外の要因としては，18歳人口の減少により，各大学が学生を

確保するべく学生支援を「サービス」として強調し，生き残り戦略のひとつとして力を入れているという側面もある。このように「学生支援」への注目は，大学の大衆化と学生の多様化，18歳人口の減少による大学経営の困難といった，社会の人々の教育に対する意識行動と社会構造の変化から派生した問題が主な背景となっている。

　学生支援の具体的な内容としては，① 奨学金給付などの「経済支援」，② 履修や学習上の悩みの相談などをサポートする「学習支援」，③ 部・サークル活動を含む大学生活全般で発生する問題をサポートする「生活支援」，④ 心身の健康をサポートし，カウンセリングを行ったりする「健康支援」，⑤ 卒業後の進路や就職に関する情報提供や相談を受け付ける「キャリア支援」，⑥ 大学の設備や施設などを整える「環境整備支援」，⑦ 情報の漏洩，災害時や不測の事態に備えて学生の安全をサポートする「危機管理支援」などが挙げられる。また，主な支援の対象としては，在学生全般に対する支援，1年次生に対する支援，留学生支援，障害者支援，卒業生支援，といったように分類できる。

　一方，各大学は，90年代初めから始まった大学改革の流れを受けて，政策サイドから，学生に対する大学生活を通じた支援を要求されると同時に，大学教育の成果としての卒業時点における学生の能力（学士力）[2]と卒業後の進路の保証といった，大学の「出口」での評価も同時に要請されるようになってきている。とりわけ，昨今の不況下における若者の就業をめぐる議論が注目されている現在，大学の「出口」における評価の対象として，卒業後の進路支援である「キャリア支援」に対する関心が高まってきている。また，2003年～2004年に行われた大学生の意識調査[3]においても，大学に進学した理由として「自分の将来の進路や仕事について考えるため」と回答した大学生は61.3％となっており，6割以上の学生は，大学生活を送る中で自分自身の将来展望を探りたいと考えている。さらに，「将来が不安である」と回答した学生は8割を超えており，学生にとって，「将来」や「仕事」にかかわる支援が，学生支援の中でもとりわけ重要なものであるという認識は，大学や社会のみならず，学生の側からも高まっていると言えるであろう。

3．主要概念の説明―「キャリア」「ライフコース」とは何か

　ここでは，主要な概念である「キャリア」「ライフコース」といった用語についての意味や概念を議論し，整理していく。

　前述のように，現行のキャリア教育やキャリア支援が混乱している原因のひとつとして，「キャリア」という言葉が多義的で曖昧な性質をもっており，明確な定義が行き渡らないまま，実施されていることが挙げられる。「キャリア」というと，働く女性を意味する「キャリアウーマン」という言葉に代表されるように，これまでは「仕事」や「職業」を指す言葉として使用されることが多かった。また，「キャリア教育」が若者の労働問題への危惧から派生した教育的な取り組みであることも手伝って，「キャリア教育」や「キャリア支援」は，「職業教育」や「就職指導」と混同されているケースも多くみられている。

　ここでは，「キャリア」という言葉のもつ意味と，政策的な取り組みとしての「キャリア教育」における「キャリア」の意味するところをまとめ，本書で使用する「キャリア」の定義を明確に示したいと思う。

　「キャリア」（career）という言葉は，中世ラテン語の「車道」が起源となっており，英語では競馬場や競技場におけるコースやそのトラック（行路，足跡）を意味するものである。ここから，人がたどる行路やその足跡，経歴，遍歴なども意味するようになり，このほか，特別な訓練を要する職業や生涯の仕事，職業上の出世や成功をも表すようになった（厚生労働省商業能力開発局 2002）。このように，現在では「キャリア」というと「職業，仕事」というイメージが強くあるが，もともとは「人生全体の経歴」を指す言葉である。

　キャリア教育を推進するにあたって，文部科学省は，「小学校・中学校・高等学校 キャリア教育推進の手引 ―児童生徒一人一人の勤労観，職業観を育てるために―」の中において，「キャリア」の定義を「個々人が生涯にわたって遂行するさまざまな立場や役割の連鎖及びその過程における自己と働くこととの関係付けや価値付けの累積」としたうえで，以下のように説明している。

　　「キャリア」とは，一般に生涯にわたる経歴，専門的技能を要する職業に

ついていることなどのほか，解釈，意味付けは多様であるが，その中にも共通する概念と意味がある。それは，「キャリア」が，「個人」と「働くこと」との関係の上に成立する概念であり，個人から切り離して考えられないということである。また，「働くこと」については，職業生活以外にも家事や学校での係活動，あるいは，ボランティア活動などの多様な活動があることなどから，個人がその学校生活，職業生活，家庭生活，市民生活等のすべての生活の中で経験する様々な立場や役割を遂行する活動として幅広くとらえる必要がある。（文部科学省 2006：3）

　文部科学省の定義では，「働く」とは「様々な立場や役割を遂行する活動」であり，個人が一生涯において経験する「様々な役割を遂行する活動」（＝働くこと）の経歴が「キャリア」という言葉で表現されている。
　一方，上西充子は，大学におけるキャリア支援においての「キャリア」について，「職業キャリアだけを指すのではなく，「夫・妻」や「親」や「市民」など，人生の中での様々な役割を引き受けていく生活者としての「ライフ・キャリア」を含みこんだ概念」（上西 2007：3）と説明している。また，独立行政法人日本学生支援機構によると「キャリア支援」は「生涯を見据えた進路・職業選択やキャリアのデザイン（生き方や進路の設計），職業的能力や社会的能力の育成を援助する教育的方策」とされており，ここから「キャリア」は人生全体にわたっての生き方を包括した概念として捉えられていることが読み取れる。
　したがって「キャリア教育」「キャリア支援」とは，職業に就くことのみを目標としたものではなく，職業生活を含めた人生全体を意識させるための教育や支援であるということができるだろう。前述のとおり，大学におけるキャリア教育，キャリア支援は，初等・中等教育におけるキャリア教育の理念をそのまま引き継いでいるため，大学におけるキャリア支援について考える際にも，同様の定義を当てはめることができるものと考えられる。そこで，本書においても「キャリア」を「職業生活を含めた人生全体の活動経歴」と定義する。
　また，「キャリア」と近似の概念として「ライフコース」（life-course）が挙げ

られる。「ライフコース」とは，個人が「人生上でたどる道筋」（中田 2002：82）であり，「役割移行の軌跡」（森岡・青井 1991：18）であるとされている。これは，文部科学省の「キャリア」の定義の説明文において「「キャリア」とは，「個人」と「働くこと」（＝すべての生活の中で経験する様々な立場や役割を遂行する活動）との関係の上に成立する概念」と述べている内容とほぼ一致している。「キャリア」と「ライフコース」の関係について，中田（2002：81-84）は「ライフコースは「人生上でたどる道筋」であり，その道筋とは，多くの線の集まりであるとされる。そして，この線のひとつひとつがキャリアにあたる。いわば，キャリアの束がライフコースである」と説明し，「ライフコースとキャリアが対象とするものは同じである」と述べており，この２つはきわめて近い意味をもつ概念であると考えることができる。

したがって，本書においては，大学生の将来展望を扱う際に「キャリア」を「職業」という限定的な概念と捉えず，「職業を含むライフコース全体」と位置づけることとする。すなわち，「キャリア」と「ライフコース」の双方を「人生全体の活動経歴」という意味で用いることとする。

第２節　先行研究の検討

1．大学における学生支援，キャリア支援の歴史に関する研究

ここでは，冒頭で挙げた２つの研究課題に関連する先行研究の検討を行っていく。

日本の大学におけるキャリア支援を含む学生支援については，近年になって注目された教育課題である。そのため，日本の大学における学生支援の歴史的展開についての研究については，学生相談の戦後史（石井 1974，小柳 1987，岨中 1990）がみられるものの，学生支援そのものについての発展史は少なく，まとまったものとしては，戦後の厚生補導から学生支援へと変化していく過程を追った大山康弘（2003）と葛城浩一（2011）の研究がみられるのみである。大山（2003）は，日本に先行して大学のユニバーサル段階を迎えたアメリカにおけ

る学生支援の発展を追うと同時に，戦後の日本の大学が新制大学として発足した際に，アメリカから紹介されるかたちで「学生厚生補導」として日本の大学に導入され，1950年代後半の激しい学生運動によっての縮小期を経て，管理指導というよりは，保健相談機能の色彩が強い今日の「学生支援」となるまでの，独自の発展を遂げる様子を明らかにしている。葛城（2011）も大山と同様，戦後の日本の大学における厚生補導から学生支援への変遷を追い，学生支援の概念の変化を2000年代の後半までの長期スパンで追っている。しかし，これらの研究では，学生支援全体の発展過程は明らかにされてはいるものの，学生支援を構成する各機能については，近年の形態を図式化するにとどまっている。また，主に学生相談，学習相談にウエイトを置いた議論であるため，就職支援やキャリア支援の歴史的な発展過程にはほとんど触れられていない。

一方，キャリア支援の歴史的展開については，「職業指導」の歴史研究の成果がいくつかみられている（石岡2007，八木2008）。しかし，これらの研究は戦前を研究対象としている。戦後の日本の学校教育において，「職業指導」から「進路指導」への変化を追った研究としては谷茂岡万知子（1998）があるが，主に中等教育についての議論であり，高等教育における「職業指導」「就職指導」「キャリア支援」の戦後史については，いまだに未開拓のままに残されている。

以上のように，戦後の学生支援，キャリア支援の歴史的展開についてのまとまった研究はみられず，結果として，現在のキャリア支援をとりまく諸問題が浮上する経緯が明らかにされていない。「キャリア支援」は，以前からの「職業指導」「進路指導」「就職指導」の延長線上にあり，社会経済や学生の質・量の変化といった教育社会の変容との対応関係から生み出されたものである。この研究上のブラックボックスとなってしまっている戦後の「学生支援」「キャリア支援」の流れを把握し，「キャリア支援」が，どのように大学教育の中に位置づけられ，発展したのかといった歴史的な展開の確認作業を行うことは，現在，混乱をきわめている大学における「キャリア支援」を相対化し，考察するためにも必要不可欠なプロセスであるものと考えられる。

2．大学における「キャリア支援」「キャリア教育」に関する研究

　前述のとおり，日本の大学における「キャリア支援」「キャリア教育」は，この10年ほどの間に注目され，実施されるようになったため，先行研究は，決して十分に蓄積されているとは言えないが，代表的な研究としては，大学教育の観点から現状のキャリア教育の問題点を指摘した金子元久（2007，2010）や日本の教育システム全体からの視点でキャリア教育を批判的に論じた本田由紀（2009，2010），大学におけるキャリア教育の事例研究から現状を浮き彫りにした上西充子編（2007）がある。

　金子（2010）によると，大学におけるキャリア教育は，就職のプロセスが複雑化していること，学生が自らの将来に抱くイメージが明確ではないこと，大学教育の内容と職業との関連性（レリバンス）が曖昧であること，といったような，大学と雇用の関係における問題点に対処しようとするものであると捉えている。そして，こうした問題点に対し，現状のキャリア教育は，学生の職業への適性を診断し，情報を提供するという「マッチング主義」，将来展望が不明確な学生に対し，職業に対する意欲や興味＝「構え」を育成する「構え主義」，大学の講義の中で職業に具体的に役立つ知識を大学で習得させようとする「能力主義」といった3つのベクトルをもっていることを指摘している。しかし，こうしたキャリア教育の「小道具」は，大学教育において，教育と職業・社会生活とがどのように関わるかといった「本筋」の議論がなされなければ，その有効性を失うと指摘している。金子は，こうした現状に対し，大卒職業人調査の結果から，実際の労働市場において「人格的な成熟度」と「専門の基礎となる基本的知識や考え方を確実に身につけさせる」ことが学卒者に求められる能力であることを示し，大学教育において，教養教育における幅広い視野の育成による人格の統合性の形成と専門教育による基礎的知識の習得が補完しあうことによって，より有効なキャリア教育になりうると述べている。

　このような大学教育における職業との関連（レリバンス）の重要性といった観点から現行のキャリア教育を批判しているものとしては，本田（2009，2010）の研究が挙げられる。本田は，現在行われているキャリア教育は，具体的な目

標や活動がみえないまま「勤労観・職業観」「意思決定能力」「将来設計能力」といった「漠然たるよきもの」を若者たち自身が高めなければならないというプレッシャーのみを強めることによって，若者の不安や混乱を増大させてきた可能性が強いことを各種データから指摘し，「特定の専門領域の知識や技術の体系的な教育」と「その領域およびそれを取り巻く広い社会全体の現実についての具体的な知識」（本田 2009：159）を若者たちに手渡すこと，すなわち，「教育外部の社会や職業の実相に対して関連性・有用性・意義のあるレリバントなものへと改善していくこと」（本田 2010：41）が必要であると述べている。

　上西編（2007）は，全国の大学へのアンケート調査を用いて，キャリア支援の実施状況や実施内容，問題点などを調査し，2006年時点で6割以上の大学が体系立ったキャリア支援を実施していることを明らかにした。また，このアンケート調査からは，有効なキャリア支援として必要なこととして，学部教育との一体化，専任教員によるキャリア支援科目の実施などが挙げられている（上西編 2007）。さらに，実践事例として学部教育と一体化したキャリア支援科目を導入している武蔵野大学の事例（伊藤 2007）と課外活動にキャリア形成の可能性を見出し，実践している法政大学の事例（小玉 2007）を紹介し，キャリア支援の組織体制の構築，プログラムの作成と実践，支援の成果と課題の個別性と多様性を浮き彫りにした。こうした流れを受け，川喜多喬（2007）は，大学における現行のキャリア支援には，就職技法教育，適職選択教育，自己理解教育，職業知識教育，職業能力教育，職業倫理教育，積極態度教育といったさまざまな内容が取り込まれており，多くの大学において，教育体制・内容ともに混乱している状況にあることを指摘している。

　一方，大学生のキャリア意識と就職問題についての実証分析は，各大学から多くの学内調査データが出されているが，日本の大学生全般を対象とした調査・分析としては，日本労働政策・研究機構が2005年に行った大規模学生調査を扱った研究が参考になる。濱中義隆（2007）は，このデータを使用して大学生の内定獲得までのプロセスを，大学の選抜性との関連から分析し，選抜性の低い「非選抜大学」の学生は「早く」「たくさん」就職活動をすることの有効性

が少ないことを説明し，大学の類型に合わせた就職支援の必要性を主張している。また，堀有喜衣（2007）は，大学におけるキャリア支援は非選抜大学において，正社員内定率を上げる効果があることを実証的に示している。また，同じ学力ランクの大学においても，女性であることや地方に存在する大学であることが，正社員内定獲得に不利になることも指摘している。堀によれば，就職の際に必要な能力は日常の講義を中心とした大学の教育機能全体から涵養することが可能であるとしており，大学における学習活動への意味付けを与える機会を増やし，学習内容がどのように将来役に立つのかということを明示化していく必要性があると述べている。筒井美紀（2010）は女子学生の就職活動に注目し，大都市圏の中堅女子大学の学生を対象としたアンケート調査の分析を行っている。これによると，早期内定を得ている学生とは，OG訪問を行ったもの，自宅通学ではなく下宿や寮から通学している学生であること，総合職ではなく一般職を希望して活動したもの，就職課に頼らず自分で活動したもの，であることが明らかにされている。筒井は，男性や高ランク大学の女子学生と競合しなくてはならない総合職希望の学生に対するサポートの強化と実際に働いている卒業生から得られる「ホンネ」で「リアル」な情報をもとに行動を最適化できるという観点から，早期のOB訪問を推奨することの必要性を示している。

　一方，大島真夫（2012）は，大学の「就職部」の機能に注目している。大学の就職部は，高校の就職課とは異なり，学生の選抜を行わず，すべての学生に対して就職の斡旋を行っており，就職活動の時期になっても学生は良好な条件の職にたどり着きやすくなるという「セーフティネット」としての機能をもっていることが明らかにされている。

　以上，大学におけるキャリア支援に関する先行研究においては，大学生のキャリア支援に関連する実証研究が「就職活動」「学習行動」「労働市場との接続」という視点の研究に分散しており，大学生のキャリア形成に対する大学の機能全体の重要性（堀2007）が指摘されながらも，大学教育全体の問題として実証的に分析されるには至っていない。金子（2007）や本田（2009，2010）につ

いては大学生調査等のデータを用いて実証的に大学におけるキャリア教育を分析しているが，研究の射程が「教育と労働」の接続点にあり，職業生活を包括して営まれる将来のライフコースに広げての議論にまでは至っていない。キャリア教育の「キャリア」が「人生全体」を指すのであれば，教育と職業の接続点のみならず，大学生のライフコース展望の有様と分化のメカニズムにも踏みこむ必要がある。

3．大学生のライフコース展望とジェンダーに関する研究

これまでも，女子学生に関しては，ライフコース展望の分化とジェンダー意識との関連性に言及した研究がみられている。中西祐子（1998）は，女子大学の学生を対象としたアンケート調査の結果から，女子学生のライフコース展望の分化は，学業成績で分化する男子学生とは異なり，性別役割観の違いや大学のチャーター（社会から与えられた大学イメージ，風土）によって生じることを明らかにしている。また，吉原惠子（1995）は，女子学生のライフコース展望の分化の要因として「女性性」を挙げている。吉原は女子学生に対する質問紙調査の分析結果と女子学生の就職体験記の内容分析から，彼女たちのキャリア・パターンの分化を説明するのは「結婚か仕事か」という二項対立図式ではなく「女らしさ」の総体である「女性性」[4]との距離のとり方であり，女性同士の間での進路分化である「女性内分化」を生み出すこと，また，就職活動における「女性性」の顕現が男女を分化させる要因となると同時に女性をも分化させているということを明らかにしている。そして，このことが女性と男性を社会において差異化するメカニズムを支える要因となっており，女子学生たちのライフコース展望の分化は，こうしたメカニズムによる，社会全体のジェンダー関係の反映物であると述べている。なお，このようなライフコース展望とジェンダー意識との強い関連性は，女子高校生を対象とした調査からも明らかにされている（吉川 2001，元治・片瀬 2008，森 2009）。また，労働経済学や階層研究の観点からも同様の結果が得られている（たとえば，白波瀬 2000，橘木 2008 など）。

一方で，男子学生のライフコース展望に関しては，学力が進路分化の主な規

定要因という認識が一般的であり，女子にみられるジェンダー意識による分化という視点を，男子学生に応用する研究はあまりみられない。男性のジェンダー意識に着目した研究としては多賀太（2006）の男性研究が挙げられる。多賀は青年男子の「男性性」に着目し，男性としてのアイデンティティ形成とライフコース展望には「男らしさ」の規範との葛藤が深くかかわっており，それが男性の中の多様性を生み出していることを明らかにしている。

　このように，ジェンダー意識と将来展望との関係については，多くの研究成果が蓄積されているが，階層研究などで使用されているデータ分析は，すでに社会人となっている成人女性を対象としたものであり，女子学生に特化したものではない。現代の大学生を対象とした，ある程度の規模と条件を満たしたサンプリングを行ったデータを用いての実証分析は限られている。前述の女子学生研究において使用されているデータは，1990年代のものがほとんどであり，就職氷河期が長期化し，その後の景気回復期を迎える2000年以降のデータを用いた分析はなされていない。それゆえ，近年のデータを用いて，大学生のジェンダー意識と将来のライフコース展望の関係のメカニズムについて今一度，実証的に分析し，現状の把握を行うことは喫緊の課題であると思われる。

第3節　本書の研究課題

　前節ではキャリア支援の歴史研究，現代の大学におけるキャリア支援についての実証研究，大学生のジェンダー意識とライフコース展望についての先行研究の検討を行ってきた。ここから，本章の冒頭で挙げた2つの課題をより具体的な形で示すことができる。

研究課題1：
　日本の大学における学生支援，キャリア支援はどのような歴史的展開を遂げたのか。また，キャリア支援はどのようにその位置づけを変えてきたのか。

研究課題2：
　女子学生のジェンダー意識の現代的特性はどのようなものなのだろうか。また，将来展望との関係のメカニズムはどのようになっているのだろうか。

研究課題3：
　男子学生の将来展望はどのようなものだろうか。また，女子学生と男子学生の将来展望の関係性はどのようになっているだろうか。

　なお，研究課題1に関しては，歴史的文献研究の手法で分析を行う。研究課題2，3については大学生を対象とした量的なデータを用いた実証研究を行い，課題の解明に取り組むこととする。

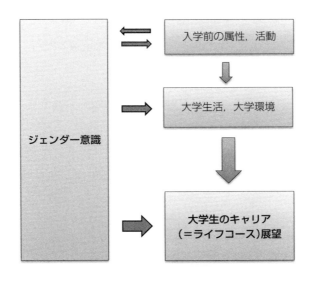

図序-1　本書の概念見取り図

注：
1）「学士力」とは大学の学部教育の見直しを進めている中央教育審議会（文部科学省の諮問機関）の小委員会が学生の能力低下を防ぐため，卒業までに学生が身につけるべき能力として挙げた，(1) 専門分野の基本知識を身につけ，歴史や社会と関連づけて理解する「知識・理解」，(2) コミュニケーション・スキルや数量的スキル，情報リテラシー，論理的思考力，問題解決能力など，知的活動でも職業生活や社会生活でも必要な「汎用的技能」，(3) 協調性や倫理観などの「態度・志向性」，(4) これらを活用して課題を解決する「創造的思考力」の4分野（文部科学省中央教育審議会 2008）。
2）武内清研究代表　2003　『12大学・学生調査―1997年と2003年の比較―』（上智大学・学内共同研究報告書）．
3）吉原によると，「女性性」は単なる「女らしさ」という定義ではなく，社会的，または個人的な多くの解釈を含んだ広範な概念として，「一般に「女の子らしさ」「女性らしさ」といわれるものであり，「女」カテゴリに付与される社会的・文化的意味の総体」と説明している（吉原 1995）。

第1章
戦後日本の大学における
キャリア支援の歴史的展開

第1節　本章の目的

　本章では，大学における「キャリア支援」が，若者や大学をめぐる諸問題の解決策と認識され拡張し続ける現状を踏まえ，戦後の日本の大学における学生支援，とりわけ現在のキャリア支援が，どのように大学教育の中に位置づけられ発展したのかを，高等教育政策の変化の過程に加え，進学率の上昇や学生の多様化といった教育社会的背景と就職状況の変化といった社会経済の流れを考慮しながら歴史的な展開を追っていく。

　キャリア支援への道のりを探るにあたっては，以下の課題を検討することとする。第一に，戦後に取り入れられた学生厚生補導から学生支援へはどのような変化の過程があったのか，また，就職支援はどのように位置づけられていたのか，第二に，就職支援はどのような経緯を経て，現在のキャリア支援へと変化したのか，第三に，キャリア支援が大学教育のカリキュラムに融合していく過程はどのようなものであったか，これらの3つの課題に取り組むことで，日本の大学にキャリア支援が導入された経緯とその社会的な背景を明らかにしていきたい。

　分析にあたっては，厚生補導，学生支援等の高等教育政策にかかわる文献や論文，新聞・雑誌記事，文部省（現・文部科学省）の答申等の資料を用いる。しかし，大学政策，とりわけ厚生補導に関する文部省の政策文書は多くは出されていないため，厚生補導の専門雑誌である『厚生補導』(1966年文部省大学局学

生課編として創刊。1982年以降『大学と学生』へ名称変更）の記事を中心に分析を行う。雑誌『厚生補導』は，各大学における厚生補導の取り組み事例や高等教育研究者による厚生補導についての論稿によって構成されている日本で唯一ともいえる歴史ある専門雑誌である。主に大学関係者が読者対象として想定されており，執筆陣も各大学における厚生補導担当の教員や職員，特集記事で取り上げられているテーマに関する専門家（就職関連では労働，経済の研究者や経済界人）といった実践や研究の最前線にいる人物で構成されている。教育現場側からの視点と社会の側からの視点の双方を扱うことができるといった点から，本章では，『厚生補導』が発刊された1960年代以降の分析においては，同誌を中心とした分析を行う。

　分析対象とする年代としては，新制大学が設立され，アメリカから厚生補導の理念が導入された1940年代後半から2000年代後半までの約60年間とした。長期スパンの分析となるため，時代的な特徴ごとに5つの時期区分を設けて分析を行う。

第2節　厚生補導の導入

　まず，戦後の大学に現在の学生支援の前身である「厚生補導」が導入された経緯を確認していこう。「厚生補導」とは，アメリカの大学で使用されていたWelfare and Guidanceの訳語であり，戦後の新制大学における大学教育と同様に，アメリカの実例に多くを学んだ概念で，新しい大学教育の理念を実現するため，課程外の教育活動と学生生活全般にわたる適応と修学効果の改善を目的として導入された（笠木1982）。とはいえ，戦後まだ日の浅い日本においては，まず生活の困窮に直面している学生の援護に重点がおかれ，修学資金，宿舎，物資，内職の斡旋等が急場をしのぐ手段として行われた。

　その後，文部省から1948年に出された「日本における高等教育の再編成」においては，教養課程における助言教員制度の提言が行われ，翌年には「大学における学生部活動」という厚生補導プログラムが発表された。1957年には

文部省内に学徒厚生審議会が設置され，翌年の答申「大学における学生の厚生補導に関する組織およびその運営の改善について」においては，「入学までの補導」「課外教育」「修学指導」「カウンセリング」「健康管理」「奨学」「厚生福祉」「就職指導」等々，14項目を挙げており，内容としては現在の学生支援に近い形の指針が示され，学生厚生補導としての枠組みがほぼ出来上がった。さらに，1963年の中央教育審議会答申「大学教育の改善について」では，こうした厚生補導は，課程内教育を効果的にするための補助的もしくは補完的な活動として，その位置づけを明らかにし，学生厚生補導という機能が大学教育の理念の一環として，定位置を占めた（笠木 1982）。

しかし，厚生補導の性格としては，大学による学生の生活指導といった色彩が濃かったためか，60年代に全国的に起こった学生運動の際には，一時的に活動を縮小させる事態となった。その後は「学生相談」としての機能が中心となるが，全国に広がりつつあった「学生相談室」の新設も国立大学においては1963年頃に途絶えるに至る。代わって，これまでの「学生相談」の機能のうち，学生の心身にかかわる諸問題については保健管理センターが，その他の事務的な機能は学生部が担当するケースが多くなり，この時期に保健管理業務（学生カウンセリング）プラス事務的機能といった日本独特の厚生補導の形態ができあがった（大山 2003）。

第3節　キャリア支援への道のり

1．就職指導，職業指導の急速な発展と定着

就職指導や就職部の設置といった動きは，終戦直後の1950年ごろには，個々の大学レベルでは始まっていた。たとえば，慶應義塾大学においては1949年に履歴書の書き方，推薦の方法，前年の就職状況等が記された「就職手引」が出され，翌年には「就職部」が創設されていた（尾崎 1967：266）。立教大学においても，「一体大学卒業生の中には，自分の特性をよく知り，自分の進路につき確固とした見通しや志望をもつたものもあるが，大多数のものはそうでは

ない。(中略) 大学の学生管理の一分野として，職業指導の必要さが痛感され，特に職業情報の提供に力を注がれるゆえんである」とし，職業指導部長のもと，「情報課」「あつ旋課」「相談課」の三課を置き，専門の職員を配置するといった計画を示している (藤本 1953)[1]。また，こうした情報提供→斡旋といったプロセスの補助とするために，適性検査，知能検査，職業興味調査といった「科学的職業指導」の導入が提案されたのもこの時期である (田崎 1953)[2]。1958年に民主教育協会近畿支部大学制度研究会によって行われた調査によると，職場実習や職場見学，講習会や説明会など，何らかの選職準備指導を行っている大学は，国立82%，短大77%，私大70%，公立56%となっており (民主教育協会近畿支部大学制度研究会 1958)，大学における就職指導体制は，急速に整えられていった様子がうかがわれる。

こうした就職支援体制の充実の背景には，終戦直後の生活苦にあえぐ学生の救済に始まり，朝鮮戦争特需による雇用増大，その間に大学進学率も上昇し続けるといった社会状況があった。1950年代には，不況が襲い，さらに旧制と新制の卒業生が合わさり，卒業者の数が増大したことで，大学生の就職は困難を極めた。

その後，体系だった政策方針としては，1958年に文部省の答申「大学における学生の厚生補導に関する組織およびその運営の改善について」が出され，厚生補導における就職指導の組織と体制について一定の方針が示された。また，同年，大学基準協会による「大学における厚生補導」において，就職指導の内容と目的について，以下のように具体的に明記されるに至った。

> 就職指導とは，厚生補導の重要な一環として学生が就職に関して当面する種々の問題について相談に応じ，学生が適切な職業に就くことができ，社会もその職場に迎えることを喜びとするような職業に斡旋し，職業人として幸福な発展をするように就職に関して指導する教育活動である。すなわち，就職指導は，就職相談と就職斡旋および就職後の追求指導をその内容とするものである。(大学基準協会 1958：107)

その他にも，就職後に早く職務に適応するような事務処理，珠算，簿記などの補習訓練，学生や求人者についての記録，大学同士が連携しての業界との連絡協議等といった指導内容が挙げられている。この文部省答申と大学基準協会の文書によって，これまで各大学任せであった厚生補導とその一部である就職指導に一応の指針が示され，大学における就職指導は発展から定着の途につくようになっていく。しかし，就職指導は「厚生補導の重要な一環」であるとしながらも，この時期の厚生補導の中心は，正課活動を円滑に機能させるための修学支援や課外活動にあった。すなわち，この時期の就職指導はあくまでも厚生補導の一環であり，課程「外」の教育活動として位置づけられていたのである。

2．景気変動の中における就職指導 ―「斡旋」から「指導」へ

　1960年代から1970年代にかけては，1956年に大学設置基準が設定され，私立大学を中心に大学の数が急増した。大学・短大進学率も1960年の10.3％から1970年の23.6％へと，10年間で2倍以上に増加し，マーチン・トロウ（1976）が示した「エリート・マス・ユニバーサル」という高等教育発展段階でいうところのマス段階に一気に突入し，日本の大学は大衆化時代を迎えた。

　政策の面でも1963年に「大学教育の改善」（答申），1971年には「今後における学校教育の総合的な拡充整備のための基本的施策について」（答申）が出され，大学教育の大衆化と学生の多様化に即した大学教育のあり方と施策を提示した。

　また，この10年間は景気の変動の激しかった時期でもある。1950年代後半からの神武景気，岩戸景気と呼ばれる好景気を皮切りに，日本は高度経済成長期に突入し，労働力の需要も増大した。そのため，大学・短大卒業者数が増加しても，就職率は安定しており，以前のような就職難とはならなかった（図1-1）。こうした背景にあって，1960年代の大学生の就職問題は「青田買い」や就職活動の早期化といったものであり，これが大学教育の遂行に影響を与えかねないとして，経済団体と大学とによる「申し合わせ」が行われるに至った（文部省大学学術局学生課1966）。

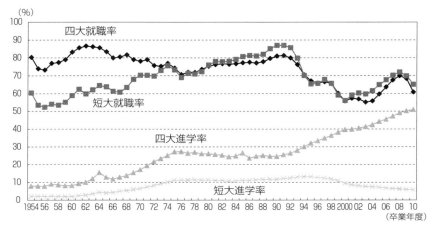

図1-1　大学生の就職率，進学率の推移
資料）文部科学省「平成21年度　学校基本調査」

　このような社会背景にあっての大学の就職指導は「就職指導もへちまもあったものではなく，徳義に反するような学生もかなり現われました」(大見川1967：135)[3]といったように，学生にとっての「就職天国」期には指導としての機能は低下し，ひたすら学生側と求人側の書類の取次ぎをするという状況となっていた大学もあった。
　しかし，60年代も後半に入ると，企業も資本の自由化による合理化の必要に迫られ，人員採用を計画化し，少数精鋭主義へと変化した。さらに，1973年にはオイルショックが起こり，再び大学生の就職に暗雲が立ちこめ，内定取り消しになる学生もあらわれた。しかし，この時期の就職難については，求人倍率でいうと直前までの好景気時の3.3倍からすると大きく後退してはいるが約2倍となっており，「選り好みしなければわが国では就職できないということはない」(黒羽1978：3)[4]という状態であった。すなわち，この時期の就職難は「希望するところ（大企業のホワイトカラー職）に就職できない」という，大学進学率の急上昇による大卒者の急増と産業界の人材要請のミスマッチが招いた「選択型就職難」(小関1979[5]：37, 日本リクルートセンター情報資料室

1979：31）というものであった。そのため，大学の就職指導も，大量採用時代のような，単なる求人側と学生側のマッチングや書類の取次ぎだけではすまなくなり，「斡旋」中心の就社指導から，カウンセリング等も行う「教育の一環としての進路指導」という段階に入ってきた。この動きの背景には，就職状況以外にも，大学進学率の急上昇にあって「とにかく入りさえすれば」という風潮のもとに，自分自身の将来について暗中模索のまま，もしくは自分の興味や適性とずれた大学を選んでしまうケースもみられるようになってきたため（大見川 1967），「入学時から卒業（進路決定）まで」という大学教育を通じての指導への認識の高まりがあったものと思われる。

> いつの世でも職を決めることは難しいことである。まして未熟な自分の判断で行動しないで十年，二十年先の自分の将来をしっかりと予測し慎重に就職先を選ぶよう学生指導に努める必要がある。　　　（千葉 1978：47）[6]

> そこで必要となってくるものが，西洋式にいうならば「ボケーショナルガイダンス」教育と指導の確立であろう。そのなかで最も大切なことは，「労働価値観」，「職業観」など，働くことについての真の意味を考える場を設定してやることだろう。　　　　　　　　　　　　　　　　　（小関 1979：40）

　上記のように，1960年代から1970年代においては，景気変動の激しい中，大学生の就職問題が浮上するに伴って，大学における就職指導も機械的な就職先の「斡旋」から，より学生の将来の希望に踏み込んだ「指導」へと変化していった時期であるといえる。また，大学進学率が上昇し，大学生の数が増加したことから，就職問題が語られる際に「大学生」に注目が集まるようになり，その流れを受けて，各大学の就職部等の機能が整備されていった。そのため，学生厚生補導の中においても，「就職指導」はとりわけ重要視されるようになり，補導活動の中心的な機能のひとつへと変化していった。

3．大学中心の「指導」から学生中心の「支援へ」

　1980年代に入ると，さらなる大学の大衆化に伴い，学生厚生補導も範囲の拡大を要請された。1982年には雑誌『厚生補導』も『大学と学生』に名称変更する。理由は学生の多様化によって，これまでの「学生生活，学生指導など学生に関わる諸問題」から「大学教育，学生生活及び大学行政全般について」といったように，問題関心の幅をより広げる必要が出てきたためであった（宮地 1982）[7]。また，この時期は，1973年のオイルショックによる財政難により，文部省が大学の拡充を抑制していたこともあり，進学率自体は横ばいとなっていた。

　1980年代に入ると，日本の景気は再び上昇し，1990年代前半にかけて，後に「バブル景気」と呼ばれる空前の好景気期に突入した。オイルショックによる上場企業の大学生の採用減少もこの時期には解消され，再び，大学生にとっては就職好機が訪れた。こうした背景の中での大学生の就職活動は，企業側の熱気に押されて「なんとなくのめり込む」「流される」といったものになることが危惧されはじめ，大学における就職指導においては，

> 職業観の確立の必要性，さらに自分自身を明確にすること，また，取り巻く社会に何が起こっているのかに目を向けるように説く。(中略) こうした中で，学生部の就職指導担当者としては学生に対する手取り足取りの指導よりも，むしろ学生たち自身に考えさせ，自ら選択させるために社会情勢の正確な把握の上に立っての的確なアドバイスこそ大切であると考えている。
> 　　　　　　　　　　　　　　　　　　　　　　（緒方 1984：40-41）[8]

> 次にカウンセリングの研究と聞き上手になることである。学生が何を求めて相談に来ているのか，聞く耳を持つと共に，場合によっては学生の年齢，立場にまで下がって，仲間としてともに考え，悩むことである。
> 　　　　　　　　　　　　　　　　　　　　　　　　（赤羽 1985：38）[9]

> 就職活動は，本来学生の自主的活動である。その活動を補完し，学生個々人に自分の適性・能力を十分に自覚させ，その接点を自ら見いださせ，悔いを残さない職業選択を行うように助言していくのが指導業務の基本である。
> 　　　　　　　　　　　　　　　　　　　　　　　（仁科 1988：39）[10]

といったように，この時期においては，「指導」というよりは，学生自らの選択を補助し，学生の立場になってアドバイスするといった「支援」または「相談」の姿勢で就職指導をする大学が多くみられるようになってきた。また，

> 大学生活の四年間の中で学生たちは徐々に自分の将来の方向や生き方を模索し，人生観や職業観を形づくっていくのであるが，就職部としては，学生一人ひとりができるだけ早い時期にそのことを自覚し，目的意識を持った大学生活を送る中からキャリア意識の涵養に努めて欲しいと願いつつ，さまざまな指導プログラムを組むのである。　　　　（仁科 1988：39）

といったように，バブル景気まっただ中の「超売り手市場」であったこの時期において，「人生観，職業観」「キャリア意識の涵養」というような，現在のキャリア教育に近い理念が立ち上がってきている。これは，就職好調期ゆえに，乱れ飛ぶ情報に惑わされたり，一部の企業による強引な採用や学生の囲い込みといったものに簡単に巻き込まれたりする学生がみられたことなどを危惧し，しっかりした就職観と自主的な判断の必要性を感じてのことであった。また，この時期は，学生たちの企業への応募の方法が，それまでの大学の就職部を経由して行われていたものから，大学を経由しない「直接応募」といった形態へとウエイトが移っていった時期でもあった。そのため，大学の就職指導も学生の就職活動の「支援」や「相談」を行うように変化したものと考えられる。

4．「就職」支援から「キャリア」支援への道のり

　さて，こうした空前の好景気も 90 年代はじめの経済破綻をきっかけに，一

気に停滞することとなり，その後10年間の長期にわたる低成長期へと突入し，大学生の就職状況は，昭和20年代以来の就職難となった。就職率も1992年を境に急落し，企業からの内定取り消しや新卒の募集停止といった事態が相次ぎ，各大学の就職担当部署においては，これまでにない事態を前に対策に追われた。とくに，1990年代後半にかけて，不安定な労働市場の状況はさらに悪化し，自由競争のムードとともにこれまでの戦後日本経済を下支えしてきた日本的雇用慣行は崩壊し，正社員のリストラや非正規雇用者の増加というように厳しさを増し，新卒採用の戸も一層狭くなった。その間にも，大学・短大進学率は1990年の36.3％から2000年には49.1％となり，トロウの大学発展段階でいうユニバーサル・アクセス段階へ突入しようかというところまで上昇した。しかし，18歳人口は減少し続ける見通しであったため，各大学とも学生の確保に必死にならざるを得ず，多様な入試方法で入学者を受け入れた。その結果，学力的にもこれまで大学に進学しなかった層が大学に入学するようになり，大学生の質の変化や学力低下，中退問題などが浮上した。一方，大学政策面では，1991年に大学審議会から「大学教育の改善について」（答申）が出された。これにより，大学設置基準が大綱化され，各大学は自主的にカリキュラムを点検・評価し，その結果に基づいて，新たなカリキュラムを設定することが可能になった。これに伴い，大学には自己点検・自己評価が義務づけられ，各大学においては，カリキュラムの見直しや学生サービスの強化といったかたちで大学改革に着手することになった。

　こうした中，文部省は，就職難といった社会経済上の問題のみならず，大学生・大卒者側のブランド企業志向や早期離職率の高さを指摘して，「学生がしっかりとした職業観を持ち，自己の能力や適性等に応じた適切な職業を選択できるようにするという観点が重要である」とし，産業界側に対しては「学校名ではなく，大学で何を学んだか，何を身に付けたかで学生を評価することが望まれる」（文部省高等教育局学生課1994）と強調した。それを受けて，1995年の日本経営者団体連盟の提言「新時代に挑戦する大学教育と企業の対応」では，「学校歴より学習歴を重視する」とうたわれ，求められる人材像として，① 人

間性，② 独創性・創造性，③ 問題発見，④ グローバリゼーションへの対応能力，⑤ リーダーシップの5点が挙げられた。

　一方で大学側でも「企業が求める人材とは何かを基点にして，大学教育の改革を検討すること」(新津 1994：24)[11]といったように，企業の求める人材像を意識した就職支援を行うようになってきた。また，「この人材像は，まさに大学改革において求める人材育成の方向と一致するものである。(中略) 創造性豊かで時代の変化に柔軟に対応できる人材を養成するためのカリキュラムの改革が期待されている」(宮本 1996：9)[12]といったように，カリキュラムの構築が自由化され，自己責任のもとで新たな大学教育の内容を模索している大学側と，経済の低成長による業績悪化で人材育成に予算を割けなくなった産業界側の論理が結びついたかたちで，大学生の就職指導が大学における重要な教育活動として位置づけられていった。

5．キャリア支援のカリキュラム化

　こうした中，1997年に就職協定が廃止され，大学生の就職活動の早期化と自由化は一層進行し，大学側は学事日程の調整等に翻弄される事態となった。そして，このような変革に対する対応策として，さらなる就職支援の強化が図られた。

>　……「就職協定廃止」をマイナスイメージではなく，激動の時代の変革，一種の「進化」としてとらえ，積極・果敢に対応策を実行すべきである。学生に対しては状況を理解させ正確な情報を提供し，努力の方向を具体的に示し指導することが大切である。　　　　　　(緒方 1997：37)[13]

　さらに，大学関係者たちは，このような就職支援の強化にあたり「社会が期待する人材」育成のための科目をカリキュラムに反映させることに積極的になっていく。

わが国の大学が，平成三年の設置基準の大綱化によって，大学の自由な発想と独自のカリキュラムの編成が可能になった現在，そのねらいを十分に生かすことが必要である。そのねらいとは，基礎的・専門的な知識の習得とともに，創造性や応用力を養い，ひいては社会のニーズに応え得る人材の育成をめざす個性的カリキュラムの編成にあるといえよう。

（新津 1997：31）

　（提言として）我々は単に企業の採用試験のための小手先の技術を学生に教えるのではなく，社会が期待する人材育成のために，現在の教育システムの変革を考えるべきではなかろうか。それは「職業教育」の入学直後からの実施である。これは一就職課の問題ではない。全学をあげて考えていただくべき人間教育として具体的な教科科目として，カリキュラム化する。

（緒方 1997：41-42）

　1997年に文部省高等教育局が行った「国立大学における就職指導体制等に関する現況調査」によると，全国87の国立大学のうち34.5％の大学において，何らかの就職指導に関連して単位となっている科目を導入しているという結果となっており，この時期において，新制大学設立時に厚生補導が導入されて以来，課程外の教育活動であった就職支援は，課程内へと組み込まれるに至った。
　その後，2000年には文部科学省より「大学における学生生活の充実方策について」の報告が出され，学生が社会に貢献する人材となり得る高い付加価値を身につけて卒業できるように，これまでの大学中心の考え方から学生中心の考え方への転換の提言がなされた。これ以降，正課としての大学教育を潤滑に遂行するための補助的活動というこれまでの厚生補導の理念を脱却し，より大学が積極的に学生にかかわる「学生支援」へと移行する。また，この答申において，大学における「キャリア教育の充実」が明言された。

大学では学生に対して，望ましい職業観や，職業に関する知識・技能を涵養し，自己の個性を理解した上で，主体的に進路を選択できる能力・態度を育成するキャリア教育を，大学の教育課程全体の中で，明確に位置づけて実施していく必要がある。　　　　　　　　　（文部科学省 2000）

　具体的には，キャリア形成や職業に関する授業科目の開設や論理性，コミュニケーション能力，情報処理能力などを重視した教育課程の充実等が挙げられている。しかし，内容・方法については個々の大学の裁量に任されており，「状況に応じて」デザインすることが要請された。この「キャリア」という語は，これまでの「就職」といった卒業時点の大学と労働市場の接続問題に加え，卒業後の仕事を含む人生全体を包括した概念であり[14]，大学から仕事を含む人生へのスムーズな移行を意識したものといえる。
　さて，1992年からの長期不況による大学生の「就職氷河期」は，実に10年間にも及び，大学にとっても学生にとっても就職支援は喫緊の課題として認識されるようになっていた。そのため，この「大学における学生生活の充実方策について」において明確に「キャリア教育」を課程内に組み込むことが提言されたことで，従来の就職支援業務と合わせて「キャリア支援」として広まり，各大学においては，それまでの「就職相談室」や「就職課」を再編するかたちで「キャリアセンター」や「キャリア開発室」といった部署を立ち上げていった。それに伴い，キャリア関連科目の課程内への導入はますます進み，2006年度では，国立大学で81.4％，私立大学で71.4％，公立大学で51.6％にまでのぼった（独立行政法人日本学生支援機構 2006）。
　ところで，「キャリア教育」という言葉が文部省（現：文部科学省）の答申において初めて登場したのは，1999年12月の中央教育審議会による「初等中等教育と高等教育との接続の改善について」（答申）においてである。この答申において「…学校教育と職業生活の円滑な接続を図るため，望ましい職業観・勤労観及び職業に関する知識や技能を身に付けさせるとともに，自己の個性を理解し，主体的に進路を選択する能力・態度を育てる教育（キャリア教育）を発達

段階に応じて実施する必要がある。」(文部省中央教育審議会1999) といったように，「キャリア教育」の目的が明確に示され，学校教育に早い段階（初等教育）から導入する必要性が打ち出された。この翌年の2000年6月には「大学における学生生活の充実方策について（報告）―学生の立場に立った大学づくりを目指して―」の中において，「キャリア教育の充実」として，「大学では学生に対して，望ましい職業観や，職業に関する知識・技能を涵養し，自己の個性を理解した上で，主体的に進路を選択できる能力・態度を育成するキャリア教育を，大学の教育課程全体の中で，明確に位置づけて実施していく必要がある」（文部省高等教育局医学教育課2000）と述べられ，初等中等教育段階における「キャリア教育」の理念をそのまま引き継ぐ形で，大学教育においても「キャリア教育」の必要性が示されるに至った。

　さらに，2006年には，若年者の雇用が社会問題となる中で，大学における高い職業意識・能力の育成が重要な課題であるとの認識のもと，体系的かつ組織的に行う，実践的で総合的なキャリア教育の推進が必要不可欠であるとして，「実践的総合キャリア教育の推進」事業が，「現代的教育ニーズ取組支援プログラム（現代GP）」のテーマとして選定され，2006年からの2年間で300件以上の申請があり，60件超の取組みが採択された。

　2008年12月には，中央教育審議会から「学士課程教育の構築に向けて」（答申）が出され，その中において，学生の職業観，勤労観を育成するために，大学教育活動全体を通じ，教育課程の内外にわたって「職業指導（キャリアガイダンス）」を位置づけることの必要性が明記され，その翌年には「キャリアガイダンス」を大学教育の質保証と学生支援の充実の観点から法令上に明確化することが提言された。

　短期間の間にここまで「キャリア教育」「キャリア支援」が注目された背景としては，大学生の就職状況と大学政策的な側面からの要請もさることながら，以下の三点の影響も考えられる。第一にフリーター・ニート論に代表されるような，若者の就労問題の隆盛によって，世論も「就職」に敏感となり，就職率が大学教育の「結果」として評価されるようになったこと，第二に18歳人口

の減少による大学経営上の問題，第三に文部科学省によって実施された「特色ある大学教育支援プログラム（特色GP）」[15]をはじめとする大学教育の取組みに対しての財政支援の試みが実施されたことである。

とりわけ，一番目の若者の就労問題への大学側の危機感は大きく，「大卒フリーター」や「大卒無業者」といった大卒就業構造の変化が，「こうした状況悪化を食い止めるには，ともあれ学生の就職活動の支援強化以外ないから」（藤原 2002)[16]，「その責任は学生自身の自己責任ともいえるが，大学側のキャリアに関する教育や就職指導の内容や方法などが適切であったかどうか，その責任を回避することはできない」（喜多 2002：19)[17]といったように，キャリア支援の必要性を裏づけていった。

大学におけるキャリア支援が注目されたその他の要因としては，先にも述べたように，18歳人口減による大学入学者確保のための大学側からの要請と，長期不況によって人材育成に予算が取れなくなった企業が，大学に対して大学生に「基礎学力」「専門知識」「人間性，基本的な生活習慣」といった「社会人基礎力」を身につけさせることを求めるといった，企業側からの要請が挙げられる。これらは，「就職率」がこれまでの「偏差値」にとってかわって，大学評価の基準となってきたことと関連している。キャリア支援に力を入れて「社会人基礎力」を身につけさせることは企業や社会からの要請であり，それに応えて就職率を上げることで大学も生き残ることができる。加えて，政策サイドからも「円滑な職業生活への移行」（文部科学省 2009）を大学教育の成果（outcome）として評価の対象とされるに至っているといった現状にある。

就職難，卒業時無業，大卒フリーター問題がここまで問題視されるのは何故なのだろうか。ここには日本の教育と職業の間に時間的な「空白」を作らない「間断なき移行」（岩永 1983，苅谷他編 2000）という接続プロセスが関連しているものと思われる。「間断なき移行」は，従来は高卒就職に焦点をあてて論じられてきたが，大学進学率上昇とともに大卒時点へと移ってきたものと考えられる。「進路状況をみて，今後の課題として浮かび上がるのは，約七％の進路未定者などである。（中略）大学教育の理想としては，この数値を限りなくゼロ

に近づけることが求められている」(島田 2009：8)[18]といったように，進路未定なままに卒業させてはならないという空白忌避規範の強さが，「教育すべき」大学教育課題としてのキャリア形成という意識を生み出し，カリキュラム化の促進に拍車をかけているものと考えられる。

　急速な「キャリア支援」の導入は，1990年代以降に連続して起こったさまざまな社会的，経済的，教育的な諸問題を包括して解決するツールとして，現在も多くの課題を背負い込む形で発展し続けている。

第4節　有効なキャリア支援に向けて

　本章では，戦後の日本の大学におけるキャリア支援の歴史的な流れを概観することで，大学生の就職問題が，不況時に顕在化し，その度毎に大学における就職支援が整備され，発展した過程を明らかにした。とくに，1990年代以前は，大学生の就職の受け皿である日本の企業は，ほぼ安定的に新卒採用を行い，終身雇用が確保されていた。また，就職後は企業内教育を行うことで，大学教育に対して過度の労働市場の論理を要求する必要もなく，大学と労働市場とは絶妙のバランスを保ちながら，大卒の就職問題を回収していたといえる。しかし，このような日本的雇用慣行が，1990年代初頭以降の空前の経済不況と市場の自由化によって崩壊したことで，このバランスは完全に崩れた。時期を同じくして起こった大学改革，18歳人口減少に伴う大学経営の問題，大学進学率の上昇と入試の弾力化による学生の多様化といった社会現象を背景に，大学は学生を「間断なく」労働市場に送り込むため，産業界の論理を取り込んで，社会のニーズに合った人材育成に乗り出すこととなった。その結果，大学教育における「知」の外側にあった就職支援が，「キャリア支援」という名のもとに，大学の「知」の内側に入り込んでいった。しかしながら，キャリア支援の導入があまりに短期間で浸透したことや，社会が求める人材像の概念が抽象的であるため，カリキュラム化することは容易ではなく，その内容も各大学任せということもあって，モデル不在のなか試行錯誤している状況である。こうし

たキャリア支援が形骸化したり，一時の取組みに終わったりしないためにも，支援の結果を把握するべく調査等を行ったうえで，課題を整理し，必要な支援内容を分析する必要があるだろう。

　また，これまで自律的な大学の論理の元にあった大学のカリキュラムに，産業界の論理が入ってくるということは，「大学教育とは何か」という根源的な問いへともつながっている。支援の内容の吟味とも併せて，再考が必要であるものと考えられる。

注：
1) 藤本喜八は立教大学文学部教授（当時）。
2) 田崎仁は順天堂大学教授（当時）。
3) 大見川敏夫は早稲田大学就職課長（当時）。
4) 黒羽亮一は日本経済新聞社論説委員（当時）。
5) 小関芳昭は日本大学就職部在職（当時）。
6) 千葉俊男は上智大学参事・就職担当（当時）。
7) 宮地貫一は文部省大学局長（当時）。
8) 緒方眞也は大妻女子大学・短期大学部学生部長（当時）。
9) 赤羽孝久は上智大学就職指導課長（当時）。
10) 仁科幹夫は専修大学就職部長（当時）。
11) 新津金弥は昭和女子大学学生部長（当時）。
12) 宮本美沙子は日本女子大学学長（当時）。
13) 緒方眞也は女子美術大学，女子美術短期大学就職部長（当時）。前出時（1984年・大妻女子大学・短期大学）より所属が変更となったものと思われる。
14) 「キャリア」という言葉の定義や捉え方は，各大学，各論者によって，かなり異なっている。一方では，「人生全体の行路」といった包括的な概念として，もう一方では，狭義の「就職」や「職業」といった概念を持つ言葉として，それぞれ使用している様子がうかがわれる。こうした「キャリア」という言葉の概念の曖昧さも，「キャリア支援」「キャリア教育」の混乱を引きおこす一因となっている。
15) 「特色 GP（good practice）」は，2003年から2007年にかけて文部科学省によって行われた取組みであり，大学教育の改善に資する種々の取組みのうち，特色ある優れたものを選定し，選定された事例を広く社会に情報提供するために，財政支援を行うものである。国公私立大学を通じ，教育改善の取組みについて，各大学および教員のインセンティブになるとともに，他大学の取組みの参考に

なり，高等教育の活性化が促進されることを目的としている。
16) 藤原貞雄は山口大学大学院東アジア研究科長（当時）。
17) 喜多信雄は近畿大学入試事務部キャリアカウンセラー。前日本私立大学協会就職委員長（当時）。
18) 島田陽一は早稲田大学学生部長（当時）。

第2章
女子学生に対する
キャリア支援の歴史的展開

第1節　女子学生へのキャリア支援の困難

　前章においては，日本の大学における学生支援，キャリア支援の歴史的な展開を追ったが，本書の冒頭で述べたように，人生全体の経路という意味で「キャリア」を捉えると男性と女性の間にはキャリア選択をめぐる意識は異なるものと考えられるため，ジェンダーの視点が欠かせない。とりわけ，女子学生にとっては，結婚・出産といったライフイベントが想定され，また，労働市場における待遇は男性優位の時期があったため，キャリア支援をめぐる歴史的な展開を追う際には，男子学生とは異なる文脈が存在していたものと考えられる。そこで，本章においては，戦後の日本の大学における女子学生に対するキャリア支援の歴史的展開を追うことを通して，大学生のキャリア選択にジェンダーの概念がいかに関わってきたのかを明らかにしていく。

　戦後，日本の大学が新制大学に移行して以来，女子学生は増加の一途をたどっている。戦後間もない頃の女子学生にとって，卒業後に社会に出て「働くこと」は男子学生に比べて特別なこととみなされていたが，年を経るにつれて，女子学生の学卒後の就職は珍しいことではなくなっていった。しかし，女子学生の就職が「当たり前」となるまでには，さまざまな障壁があった。

　たとえば，戦前から日本社会に根強く存在した「男性は仕事，女性は家庭」といった性別役割分業意識から派生するまなざしは，女性の高学歴化と社会進出が進むにつれて「女子学生亡国論」や「花嫁修業的」といった女子学生批判

へと矛先を向けた。また，労働市場の側にも，女子学生は結婚までの「腰掛け」的な就業意識をもっているとの認識があり，女子学生の受け入れには消極的であった。そのため，結婚後も仕事をもつことを希望していた女子学生たちは，就職する時点から大きな苦労を余儀なくされた。

　近代以降の社会においては，学歴や職業的地位，経済力の獲得といった公的領域での成功に普遍的な価値が置かれてきた。こうした近代的な価値観は，「男性は仕事，女性は家庭」といったように，仕事といった公的領域の担い手は男性に，家庭といった私的領域は女性が担うべきであるといったジェンダー規範にも反映されていた。こうした価値観のもと，男性の場合，進学し就職するということは，一家の大黒柱として家族の扶養責任を負うという，男性に向けられたジェンダー規範と一致するが，女性の場合，職業を軸とした社会的な成功を望むことは，家庭内における家事・育児といった女性に向けられたジェンダー規範とは矛盾を引き起こすことになる。女性にとって，こうしたジェンダー規範による役割葛藤は，社会的成功と女性に要求される家事・育児といった役割のどちらに重心を置くかによって，多様なライフコースのパターンをもたらすこととなるのである（多賀 2005b：39-40）。

　現在においても，職業生活，結婚，出産・育児を自らが描く将来のライフコースにどのように織り込んでいくのかは，女子学生にとって，大学在学中の就職活動の時点で直面する大きな課題となっている。また，近年においては，男女雇用機会均等法の制定や男女共同参画社会，ワーク・ライフ・バランスなどといった，ジェンダー平等にかかわる政策や提案が導入されてきている。こうした社会政策をはじめとして，経済状況の変化による就職市場への影響など，社会状況の目まぐるしい変化は，女子学生たちのキャリア展望にも大きな影響と揺らぎを与えているものと考えられる。このように，時代の影響を受けやすい女子学生のキャリア展望に対して，大学ではこれまでどのような就職支援，キャリア支援を行ってきたのか，その経緯を本章で描き出していきたい。

　分析方法としては，前章と同じく，厚生補導，学生支援等の高等教育政策にかかわる文献や論文，新聞・雑誌記事，文部省（現・文部科学省）の答申等を用

いて，歴史的資料の分析を行う。なかでも，『厚生補導』(1982年以降『大学と学生』へ名称変更)といった専門雑誌における女子学生の就職支援，キャリア支援に関する記事を中心に分析を行う。

　扱う時期としては，新制大学が発足し，政策上，男子と同様の条件で高等教育に女子学生が参入しはじめた1940年代後半以降から2000年代後半までの約60年間とする。

第2節　女子学生に対するキャリア支援の歴史的展開

1．厚生補導における女子学生の位置づけ

　戦後の日本の大学にアメリカの高等教育に倣った形で厚生補導が導入された経緯については前章で確認したとおりであるが，1957年の学徒厚生審議会の設置と翌年の文部省の答申「大学における学生の厚生補導の組織およびその運営の改善について」発行の前段階として，日本の大学，文部省，そして連合国軍総司令部民間情報教育局の協力によって行われた学生厚生補導研究会の記録『学生助育総論—大学における新しい学生厚生補導—』が，1953年に文部省大学学術局学生課によって編集された。これはアメリカの大学の学生部長や厚生補導にかかわる教員たちの講義録となっており，1957年の答申における最も重要な資料となったものである。この『学生助育総論』において，すでに「高等教育における女子学生に対する助育業務」という章が設けられており，女子学生に対する特別な助育活動について述べられている。

> ……学生助育活動に責任を持つ人々にとつて最も必要なことは，これらの(「男」「女」といった：筆者注)グループの特性が，カウンセリングの上に影響を与えることに対し賢明な理解を持つことである。伝統的な態度やものの考え方と，変りゆく社会制度との間のずれから起る個人問題を取り扱うには，広い知識の上に立つ理解が必要である。(中略)戦後の民法の改正に伴って，婦人に対する平等を取り戻そうとする努力がみられた。(中略)

> 女子に対する高等教育の中で，この高められた価値を実現させてゆく責任の大部分は，学生助育活動にかかつている。　　　　（Felsted 1953：220）[1]

このように，これまで男子主流であった大学という場に女子学生が入っていくことで起こり得る葛藤に配慮した支援を行い，戦後の日本における男女平等の理念を大学の場でも実現するために，大学側も女子学生への配慮を積極的に行おうという提案がなされている。
　また，この中では，女子学生が直面する問題として，進学時と卒業時の進路の問題が取り上げられている。

> 自分の興味と，自分の受けた教育を将来役立てる機会とを結びつけようとするとき，女子は学科選択の決定にあたつて，男子とは比較にならないほどのジレンマに直面する。未来は男子にとつても不確実なものであろうけれども，女子にとつては，その不確実さはさらに幾倍かする。(中略) 女子学生に対する職業上の相談員は，女子に対する職業上のカウンセリングが，男子のそれと同一であつてはならないということを認識しなければならない。　　　　　　　　　　　　　　　（Felsted 1953：221）

> ……長い間，"男子の世界"と考えられてきた領域において，婦人に対して新しい機会が開かれたとはいつても，現実には種々の制限のあることを，職業上のカウンセリングを通じて女子学生に認識させることが必要である。
> 　　　　　　　　　　　　　　　　　　　　　　　（Felsted 1953：223）

戦後間もない日本において，女性は結婚後は家庭内において家事や育児を主に担うものであるという社会通念が根強く存在し，女性が男性と同様の社会的な活動を行うことは難しい状況であった。そうした中，Leona W. Felsted は，職業上のカウンセリングにおいて，① 給与の男女差，② 地理的な移動性の制約，③ 家族に対する責任の重さによる勤労時間の制限，④ 就職に際しての男

女間の競争的な要素，⑤ 結婚や育児への責任による在職期間の不安定さ，といった就職に際しての「現実」を女子学生たちに理解させることが重要であると述べている（Felsted 1953：222）。教育制度上では，男子と同様に大学において同一のカリキュラムで平等に学ぶことが可能であっても，いざ社会に出るときには大きなジェンダー差が存在することが，早い段階からアメリカの大学人によって指摘されていたのである。

このように，新制大学が設立された早い段階において，具体的な形で女子学生への支援の方向性は提示されていたのであるが，1958年の文部省の答申「大学における学生の厚生補導の組織およびその運営の改善について」には反映されることはなく，日本の大学において，女子学生支援の方向性は，なかなか共有されなかった。

1950年代後半から1960年代前半になると，神武景気，岩戸景気と呼ばれた好景気の時代が到来した。大学生の就職状況も良好なものとなり，「青田刈り」や「就職ゼロ年生」といった早期の採用活動と卒業予定者の囲い込みが問題となるに至った。しかし，この好況の恩恵を受けたのは主に男子学生であり，女子学生にとっては「就職難」が続いた。

> （1950年代後半〜1960年代前半について：筆者注）「青田刈り」「就職零年生」「サラリーマンゼロ年生」などのことばに象徴される風潮は，いくつかの問題を生んだ。一つは青田刈りに溺れた大学の問題，第二は大学の権威失墜，（中略）第三は，好況のなかでもいっこうに目があたらぬ女子学生の就職問題である。
> 　　　　　　　　　　　　　　　　　　　　　　　　（尾崎 1967：312）

女子学生の就職難の理由としては，「どうも女子の方は勤めてもせいぜい三，四年で，せっかく養成して，どうやら一人前になったときに，ポイとやめて結婚する人が多いから，あまり歓迎されないんです。あしからず」（土屋 1956）といったように，大学や短大を卒業して数年すると結婚適齢期となってしまうため，仕事をやめて家庭に入ることを選択する女子学生が多く，企業の立場か

らは,時間もコストもかけて職業人として養成しても,慣れた頃に辞められてしまっては割に合わないという理由で,女子の採用に難色を示していた。こうした理由から,結婚までに時間がある高卒や短大卒の女子のほうが,大卒の女子よりも重宝だとみなされていた。

> 求人難だというのに,年々ふえる女子学生は,就職戦線からしめ出されていく。成長株の生産会社をはじめ,商事会社,金融会社では,女子は高校卒のBG (Business Girlの略:筆者注) か,せいぜい短大卒のセクレタリーでたくさんだという。マスコミ関係も,夜仕事をさせられないとか,体力が劣るとか,すぐやめるとか,頭が固くなりやすくアイデアがすぐ枯渇するとか,けちをつけるから(中略)とくに,伝統を持ち,固定市場を持つ戦前からの女子大学とちがって,男女共学の有名大学では,男の子の就職がいいだけに,格差がめだった。
> 　また,女子学生自身の反省やらなんやらもあって,結局は,きびしい職業意識をもてだの,結婚やスイートホームの夢は捨てろだの,地方へ行けだの,文化的だなんだときれいごとばかりいうなだの,お説教ばかりで,知恵は全然出てこない。
> 　　　　　　　　　　　　　　　　　　　　　　　　(尾崎1967:320-321)

このように,卒業後に就職を希望する四年制大学の女子学生にとっては,進学したことで就職市場から敬遠されるという憂き目に遭った時代であった。また,女子大などでは,女子のみということで,自ずと女子学生対応の就職指導が行われることとなるが,共学大学においては,なかなか女子学生の支援にまでは手が回らなかったものと思われる。

そんな世情を反映したものとして,1957年の東大助教授(当時)の中屋健一氏による「女子大学無用論」を皮切りとして,1962年には暉峻康隆・早稲田大学教授(当時)や,池田弥三郎・慶應義塾大学教授(当時)による「女子学生亡国論」と呼ばれる女子学生批判が起こり,話題となった。

ここ当分，日本という国の男性は，職を持たずに行きていくことはゆるされない。女性の場合のように，結婚か就職かという二者選択はぜったいにゆるされないのが現実である。それなのに結婚のための教養組が，学科試験の成績がよいというだけで，どしどしと入学して過半数をしめ，その数だけ，職がなければ落伍者になるよりほかはない男子がはじき出されてしまうという共学の大学のあり方に，そういうふうにことを運んでいる当事者でありながら，釈然としないまま，わたしは今日に及んでいる。結婚のための教養というのならば，そういう目的にかなった女子大学が沢山あるのだから，なるべくそちらへ行ってもらいたいものだ……。（以下略）

(暉峻 1962：280)

男一人を押しのけて，女一人が席に着いたはずであるが，四年間めんどうをみて世の中に送り出した後，社会人としての勢力の上からは，一人が一人のプラスにならない。大多数が「結婚」をもって，一応その人生の終点と心得ている女子と，まさかそうは考えていないはずの男子との，根本的な違いである。

(池田 1962：47)

　1961年の大学・短大進学率（過年度高校卒業者含む：以下同じ）は，男子16.9％，女子6.5％，四年制大学のみでは，男子15.4％，女子3.0％であり（文部科学省 2009），女子学生の割合としては決して多いというわけではないが，女子の大学・短大進学率は新制大学発足以来，上昇の一途であったため，とくに共学大学においては，これまでの男子学生文化とは異なる学生文化をもたらした女子学生に対しての批判が起こったものと思われる。批判の内容としては，卒業後は結婚し，家庭へと入ってしまいがちな女子学生に対して，社会に役に立たないものとみなしたものであり，大学においても女子学生の置かれた立場は厳しいものであった。
　しかし，女子学生の職業に対する姿勢にも，早期の退職率の高さや欠勤率の高さなどといった，世間から批判される材料となるような問題があった。

使用者側からみた女子労働の欠点としては，女子は男子とくらべて欠勤率が高いから責任のある仕事をまかせられない，せっかく一人前に仕事ができるようになるとやめてしまうから採用しない，仕事にたいする積極性がない等々である。(日本私立短期大学協会 1967：51)

このように，1950年代から1960年代にかけては，女子学生の就職問題が顕在化した時期であった。また，その理由としては，卒業後，何年かすると結婚して家庭に入ることが多かった女子学生の勤務期間の短さや仕事に対する姿勢の批判があった。こうした事態の背景には，男性は一生仕事をして家族を経済的に支え，女性は家庭内で家事育児をするといった，性別役割に関するジェンダー規範が横たわっている。新制大学発足直後に学生厚生補導における女子学生への支援が論じられた際には，このような社会的なジェンダー規範による女子学生の進路選択の困難が指摘されてはいたが，この時期においては女子学生の進学率が上昇したとはいえ，まだ数としては少なく，大学としての女子学生の就職や進路に対する組織的な支援といった動きは表立ってはみられなかった。

2．女子学生の増加と社会進出の影響

この時期においては，女子学生が増加し，就職指導にも大きく影響した。1970年の大学・短大進学率は男子29.2％，女子17.7％となった。1960年の大学・短大進学率が，男子14.9％，女子が5.5％であったことを考えると，この10年の間に男子が2倍，女子では3倍以上も進学率が上昇した。ただし，女子の場合は短期大学へ進学するケースが多く，短大進学率は，1960年時点で3.0％であったものが，1970年では11.2％と4倍近い伸び率となった。女子学生の数が増加するにつれて，以前の時代において認識されていた女子学生の就職難や女子学生の職業意識の弱さといった事態は，より顕在化するかたちとなり，これらの問題の原因究明をするべく，学生の就職に関するアンケート調査の分析を行う大学もあらわれ（伊勢田1972[2]，三輪1973[3]），女子学生の就職問題の解決に向けて，大学としても具体的な対策を練ろうという意識が芽生え始めた。

（調査結果から：筆者注）一方管理栄養士や食品衛生管理者制度があるもの
　　の，未だ社会的に地に着かず，また，折角栄養学を身につけながら，就職
　　を希望しない者も見受けられ，かつ女子の職業観からその定着率が悪い等
　　の問題があって，将来更に検討しなければならない指導上の課題が多い。
　　　　　　　　　　　　　　　　　　　　　　　　　（山中 1972：37）[4]

　また，この時期には，女性の地位向上と男女平等を目指して，世界的にもフェミニズム思想が台頭し，その動きは日本においても例外ではなかった。思想のみならず，社会政策においても，1972年に勤労婦人福祉法が制定された。勤労婦人福祉法とは，「勤労婦人の福祉に関する原理を明らかにするとともに，勤労婦人について，職業指導の充実，職業訓練の奨励，職業生活と育児，家事その他の家庭生活との調和の促進，福祉施設の設置等の措置を推進し，もつて勤労婦人の福祉の増進と地位の向上を図ることを目的」[5]としたもので，1986年の男女雇用機会均等法の前身となった法律であり，女性が職業をもつことへの社会的な理解が徐々に高まっていく契機となった。
　しかし，1973年から1974年にかけてのオイルショックによる就職難では，とくに女子学生の採用にブレーキがかかり，卒業後に就職を希望する女子学生たちにとって，つらい時代がしばらく続くこととなった。
　こうした流れは，1980年代に差しかかる頃には，これまでの時代に見られたような，女子学生の就職難の原因を女子学生自身の職業に対する意識の低さに求めるところから，雇用側の組織と採用の体制に対しての批判へと視点を広げていった。

　　　大卒女子が企業から敬遠される理由は，要するに日本の企業組織が男性
　　中心型の構成になっていて，女子に門戸を開くに至っていない，というこ
　　とにつきるだろう。「高卒，短大卒に比べて勤続年数が短い」とか，「プラ
　　イドが高くて使いにくい」とか，いろいろ言われているが，私見ではそれ
　　らはむしろ副次的な理由であって，根本的には日本の企業組織が変わらな

い限り，女子学生の就職難は続くとみなければならない。

(八木 1980：10-11)[6]

　実際，女子学生の職業に対する意識も変化してきた。1983年度にリクルート社が企業と大学生に対して行った調査によると，女子学生の中で「男子社員と同等の責任ある仕事をしたい」という質問に対して「したい」と回答しているものは，四年制大学女子で59.0％，短大女子で35.3％となっており，四年制大学の女子の過半数，短大でも3割以上のものが，男性と同等の仕事をする積極的な意志があることが明らかとなった (阿部 1984)[7]。
　この頃から，「女子学生」と「職業」の結びつきはさらに強くなり，女子学生が学卒後に就職することは当たり前であるという認識となっていった。女子学生たちは進学の際に，これまでの「女だから」という要因に加えて，「就職」という用件を考慮に入れるようになってきた (濱田 1984)[8]。高校卒や四年制大学卒に比べて良好な就職率を誇っていた短期大学への進学率が急上昇した理由としては，婚期に影響を及ぼさず，進学費用も割安に済む二年制であるという気軽さに加えて，卒業後に結婚以外のライフコースの選択肢として，女子学生と「就職」とが密接な結びつきをもつようになったということも一因として考えられる。
　さて，このように，ほとんどの女子学生が就職を希望するようになったこの時期における女子学生に対する就職支援としては，自分自身の人生設計の中に結婚や出産というイベントを想定せざるを得ない女子学生に対しての配慮を取り入れる大学が見られるようになった。

　　女子学生の就職には，就職あっせんの段階だけの指導にとどまらない何かが必要である。(中略) 人生を本格的に設計するために，どのような方向が自分に適切か明確にしえない (一面で明確にしなくてもよい) 社会状況が，彼女たちの実際の生活を包んでいるという点も，見過ごすべきではない。

(濱田 1984：23)

女子が避けて通ることのできない結婚，出産の問題をどのように考えてキャリアーを形成していくか，自らの人生設計の中でそれらの問題をどう位置付けるか，他力本願の生き方ではなく，自らの責任において十分考慮する必要があるだろう。(中略) このような観点から大卒女子についてはよりきめ細かな就職指導が必要と考えられるが，その際には，女子の就職を結婚，出産までの短期間のものと決めつけるのではなく，個々の女子学生の職業に対する意欲と将来の計画を中心に，個々人の適性に応じた指導が必要と考えられる。
　　　　　　　　　　　　　　　　　　　　　　　　(佐藤 1980 : 26-27)[9]

　前章でも確認されているが，このように，80年代に入った頃から「キャリア」という言葉が使われ始める。一例として，1986年には跡見学園女子大学において，「将来の進路 (とくに就職) について自覚を喚起し，そのための自己理解と学生生活の見直しを促す」という目的で「キャリアガイダンス」が実施された (山崎 2002)[10]。「キャリア=仕事を含む人生全体の流れ」と捉えたうえでの職業観の育成といった視点を導入した女子学生に対する就職支援は，後に「氷河期」と称される就職難の時代における「キャリア支援」のさきがけとなったものと考えられる。
　1986年になると，男女雇用機会均等法が施行され，翌年の春には，この法律の下で就職した「均等法一年生」と呼ばれる女子学生が社会人となった。この年の男子の求人倍率が2.61倍，女子が1.12倍という点からすると，まだまだ「女子学生の就職には難問が多い」(石川 1987 : 21-22)[11] 状況ではあったが，全上場企業の翌年の採用計画調査によると，女子の採用予定は20.7ポイント増となっており，企業側も女子の総合職への採用には積極的になりつつあった (醍醐 1987)[12]。この背景には，男女雇用機会均等法の施行の影響だけではなく，1980年代後半から始まった，いわゆる「バブル景気」と呼ばれる空前の好景気の走りともいえる好況も大きく影響していたものと思われる。ある電算機メーカーでは，大卒女子の採用増の理由として，好況とコンピューター関係の人材需要の増加による「大卒男子の採用難にあった」(石川 1987 : 24) と説明

している。しかし，こうした動きはネガティブに捉えられるものではなく，「コンピューター分野に就職した女性の努力と実績の積み重ねが，後輩たちに就職の機会を拡大した」(石川 1987：25) とされている。

　均等法施行以降の大学における就職支援の状況としては，女子の就職率の上昇にあって，「就職あっ旋」というよりは，「ライフスタイルの中で就職をどう位置付けさせるかの自覚をしっかり持たせることが重要」(葛西 1987：38)[13] といったように，ますます人生全体の流れを意識した就職指導となっていった。しかし，地方の国立大学などにおいては，就職率がほぼ100％に近いという状況もあり，

> 本学が抱える悩みに女子学生の就職内容が必ずしも十分ではないことがある。(中略) 本学は総合大学であり，女子学生のための就職指導の実態は無きに等しく，女子学生の努力と関係学部の援助で一応の成果を挙げているが，今後の課題である。　　　　　　　　　　　　　　　　(堀 1988：37)[14]

といったように，女子学生支援体制自体がほとんど「無きに等しい」ケースも見受けられ，女子大か共学か，四年制大学か短期大学か，都市部か地方か，私立か国立か，といった大学の属性によって，女子学生の就職支援には大きな差が存在していたものと思われる。

3．女子学生の就職難と就職支援の強化

　1990年代の初め頃は，バブル景気が続いていたため，就職市場における女子学生の採用状況は概ね良好な状況が続いていた。1986年の男女雇用機会均等法の施行により，各企業は，それまでの男女別賃金制度を維持するための苦肉の策として，総合職，一般事務職，専門職といった「コース別採用」を行うようになった。働くことを希望する女子学生にとって，男性と同等の条件で働く「総合職」はこの時代の花形でもあり，四年制大学の女子学生たちの多くがこのコースを目指して就職活動を行った。企業のほうも，こうして採用した女

性社員の活躍を目の当たりにし，また，好景気による人材不足も手伝って，さらに女子学生の採用枠の拡大に積極的になっていった[15]。こうした状況のもと，女子学生に対しては，より厳しい職業意識をもつことが求められ始めた。

> 女子学生にも厳しさが要求されるようになった。彼女たちも，職業をもつことの意識を高めることはもちろん，職場においても真価を発揮し，女子学生の進出のチャンスを定着させるべきだろう。(中略)女子の職場への進出と活躍は大いに歓迎すべきことであり，今後も，我々就職部としてもそのために真剣に取り組んでいかなければならないことは言うまでもない……(後略)。　　　　　　　　　　　　　　　　　　(原田1991：16)[16]

> 全般的には男女間格差は年をおって徐々に縮小しつつある。しかしながら，現実の就職活動において，女子として学生生活ではこれまで感じなかった格差を不本意ながら感じたり，体験することになることから，学生気分を早急にぬぐい去るとともに女子だからとの就職意識の面の甘さを捨てて，個人という発想のもとに取り組んでいくよう指導している。(井上1991：19)[17]

　1991年の四年制大学卒業者の就職率は，女子が81.8％，男子が81.1％となっており，四大卒の女子の就職率が男子の就職率をはじめて上回った(図2-1参照)。こうした就職の好況にあって，上記のように，社会に出て行く女子学生に対して，甘さを捨てて厳しい職業意識を身につけることの重要性が問われ，大学における就職指導でもこの点への強化をはかる大学が現れてきた。
　しかし，1992年頃にバブル景気が終焉を迎えると，大学生たちにとって，戦後最大の就職難がやってきた。とりわけ，これまで好調だった女子学生の就職は，男子学生以上に厳しいものとなっていった。1993年には，1991年から2年の間，男子を上回った四年制大学の女子学生の就職率は，再び男子に逆転されることとなった。不況下での就職難は，女子学生へのしわ寄せになるといった状況は，以前の時代から繰り返されてきたとおりであった。

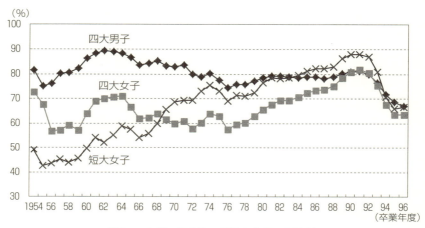

図2-1　大学・短大生の就職率（4月1日現在）
資料）文部科学省「平成21年度 学校基本調査」

　女子学生の雇用情勢が厳しくなったことを受け，労働省婦人局婦人政策課は1994年6月，それまで順調に機能しているように見られていた男女雇用機会均等法から外れた待遇を行っている企業に対する女子学生の相談窓口として，「女子新規学卒者の就職問題に関する特別相談窓口」を設置し，就職に際して「女子であること」を理由とした男子との不均等な取り扱いについて，女子学生からの相談を受け付け始めた（労働省婦人局婦人政策課 1994）。また，労働省は雇用者側に対し，「事業主が講ずるように努めるべき措置についての指針」の一部を改正し，女子に不利益な取り扱いをしない等といった事柄を追加する措置をとった。
　こうした女子学生の深刻な就職難に対して，多くの大学では，女子学生向けの就職ガイダンスを強化するなどといった対策を講じた。このような，女子学生の就職対策においては，「企業の求める人材」を意識した指導が行われるケースもあった。

　　このような社会情勢の大きな変化を見据えた時，大学生とりわけ女子大生

の就職問題への取り組み方については，発想そのものの根本的な転換が必要であろう。それには女子大生自身の個々の問題としてだけではなく，大学としても看過できない事態と受け止め，企業の協力を得ながら適切な方策を講じる必要がある。(中略)つまり，女子大生の不安要因の払拭は，買い手としての企業側の協力も絶対不可欠ということである。

(新津 1994：22-23)[18]

このように，「買い手」としての企業の協力を具体的に示すと，① 就職協定の遵守，② 男女雇用機会均等法への理解，③ 企業の求める人材像の提示，である (新津 1994：24)。そして，「企業が求める人材とはなにかを視点にして，大学教育の改革を検討することが急務」(同：24) とし，こうした大学教育は「女子大生そのものの社会的評価の向上をもたらすもの」(同：25) としている。

一方，この時期の女子学生の就職難には，四年制大学の女子より短期大学の女子の就職率のほうが，より深刻だったという側面があった。前述のように，1970年代以降，短大女子の就職率は四年制大学女子の就職率を大きく上回っていた。しかし，1994年頃からその差はほとんど無くなった。1996年度から文部科学省と厚生労働省によって公式統計として調査が行われるようになったことで明らかになった就職内定率 (就職希望者における就職決定者の割合)[19] をみると，1997年以降，短大女子の就職内定率は，大卒男子，大卒女子を下回るかたちで推移していることがわかる (図2-2)。

この時期の平成不況における大学生の就職問題は，「性別による就職状況の相違」と「四年制大学と短期大学の学校制度による就職状況の相違」が顕著なかたちであらわれたといえる。(二井 1996：25)[20]

こうした状況において，各短期大学においては，独自にさまざまな取組みがなされた。教職員による職場訪問や求人開拓，ガイダンスの強化はもちろんのこと，同窓会を利用しての卒業生ネットワークの利用や外部講師による面接マナー講習，メイクアップ講座，就職に関する悩みと情報の提供を行う「電話110番」などを行う短大もあった (二井 1996)。短大生は四年制大学の学生と

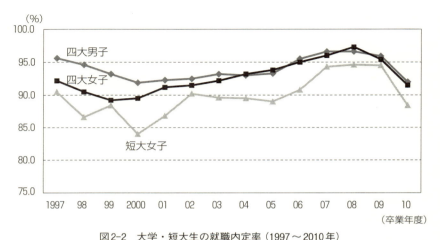

図2-2　大学・短大生の就職内定率（1997〜2010年）
資料）文部科学省・厚生労働省「大学等卒業予定者の就職状況等調査」

異なり，2年間のうちに所定の単位を取りつつ，就職活動もしなくてはならず，1997年の就職協定廃止に伴う就職活動の早期化は，短大生にとって「現在の就職活動のあり様は苛酷」（緒方 1997）[21]なものであった。それゆえ，短大の就職指導も「時代が要請し，企業の求める人材として，社会に送り出し，まずは職に就かせなければならない」（緒方 1997：38）とし，「職業教育」の入学直後からの実施や，企業の求める人材を養成するために具体的な教科科目としてのカリキュラム化がいち早く提案された。

　1999年には，不況下において利潤と生き残りをかけた企業による女子学生の採用見送りなどが相次ぎ，なかなか遵守されることがなかった男女雇用機会均等法が改正された。大学生の就職活動にかかわる改正点として，募集や採用に関して，男女の間で差異をつけることが禁止され，求人票に「男子のみ」と記載したり，女子学生の採用を行わなかったりすることが法的に規制されることとなった。

　1990年からの10年間は，バブル景気による女子学生の採用好機の数年間から，景気後退とその後の長期にわたる不況による戦後最悪の就職難へと，女子

学生をとりまく就職状況が目まぐるしく変わった時期であった。1986年に施行された男女雇用機会均等法は，好景気時には女子学生の就職状況を後押しするかたちで機能していたが，不況時になると，企業は女子学生，とりわけ短大生の採用を見送ることで，新卒の採用を調整した。この時期においては，大学や短大も学生の就職難対策に追われ，就職支援は大学教育における重要な課題となった。また，女子学生への就職対策にも特別な措置がとられ，就職におけるジェンダーの問題への認識が高まった時期であった。しかし，それは1980年代から1990年代前半の頃に行われていた，女子学生の職業への意識の高揚と労働市場における男女平等の達成への働きかけといった支援の内容とは異なり，この時期においては，とにかく「採用されるため」に企業側の論理に沿った女子学生への就職指導や就職支援が行われていた。

4．キャリア支援の導入による女子学生支援への影響

　2000年に入っても，景気は一向に上向きにならず，大学生の就職は「超氷河期」と呼ばれるほどの厳しい状況が続いた。さらに，1997年の就職協定の廃止によって，企業の採用活動が自由化，早期化し，学生の就職活動はますます混迷を極めることとなった。1992年前後のバブル景気の終焉から2000年代前半にかけての「失われた10年」と呼ばれたこの時期において，就職難に加えて大学生たちの進路について社会問題化したことは，「大卒無業者」「ニート」といった，大学卒業後に職に就かないものや，「大卒フリーター」といった，正社員ではなくパートタイムやアルバイトといった雇用形態で就業する大卒者が増加したことであった。

　総務庁の『労働力調査特別調査』によると，日本の15歳から24歳の若者のうち，非正規労働をしている「フリーター」の割合は，1990年の8.0％から2000年の20.6％へと大幅に増加した。大卒者に限ってみると，2000年時点で，男子9.1％，女子12.9％が正社員以外の働き方をしていた。また，1998〜1999年に実施された日本労働研究機構の「高等教育と職業に関する日欧比較調査・日本調査」によると，大学卒業直後の無業，非正規就業の割合は，全体

で2割，性別でみると男子17.2%，女子25.0%となっており，とりわけ女子の無業，非正規雇用である割合が高くなっていることが明らかにされている（小杉 2001)[22]。このように，大学卒業後に無業，非正規になるものは，就職活動をしないことが原因であるケースも多いが，就職活動を実施した者のうち，男子の17%，女子の24%が無業や非正規となっていた（小杉 2001：8-9)。一般的に，無業，フリーターは男性が多いというイメージがあるが，実際には女性のほうが無業，フリーターになりやすく，大卒女子の就職環境がいかに厳しい状況にあったかがわかる。しかし，このような「ニート」「フリーター」への注目は，大学生の就職難という状況に加えて，彼らの労働に対する意識の低下といった側面に社会の視線が集中することで社会問題となっていった（玄田・曲沼 2004，玄田・小杉 2005 など)。そして，こうした問題に潜むジェンダーの問題には言及されないまま，就職問題の対象をこれまでの女子学生から大学生全体へと広げるに至った。こうして，女子学生の就職環境の厳しさといった問題は見えにくくなっていった。

　前章で述べたように，大学生の就職問題が社会問題化したことで，18歳人口減による大学経営上の問題や，大学改革に伴うカリキュラムの弾力化，大学生の質の変化といった問題を抱えていた大学側も目に見える形で就職支援を強化しはじめた。こうした中，2000年に文部省（現・文部科学省）から出された答申「大学における学生生活の充実方策について」において，大学におけるキャリア教育が提言された。これをきっかけにして，各大学において，従来の「就職支援」「就職指導」を発展させるかたちで，学生たちに将来を見据えた職業選択や人生設計を考えさせるという「キャリア（形成）支援」「キャリア教育」が導入されはじめた。

　　相変わらず厳しい就職戦線が続き，依然として次のような問題が指摘されてきた。第一に，インターネットを利用した就職活動が主流になっていることに伴い，企業と学生の直接的な結びつきが強化された反面，大学側が学生の就職活動の実態を把握しにくくなっている……（中略）第二に，大

学を卒業して入社後二，三年で会社を辞めるものが三割になっている実情……（中略），第三に，未就職のまま卒業した学生のフォローアップが大学に求められている。これらの問題を解決するためには，低学年からの「キャリアガイダンス」を行うとともに，個々の学生を支援する「キャリアカウンセリング」を充実する必要がある。
（松水 2003：19）[23]

　こうしたキャリア支援の理念である「職業を軸とした人生全体の流れ」を大学生たちに意識させるという働きかけは，1980年代頃から，結婚や出産によって，職業生活やライフコースそのものに大きな揺らぎが生じやすい女子学生への支援として行われてきた。それが，長期不況を経て2000年代前半においては，就職問題が性別にかかわらず大学生全体の問題となったこと，「ニート」「フリーター」問題が，どちらかというと男子の問題であるというイメージが一般的に存在したこと，そして，2008年の文部科学省の答申「学士課程教育の構築に向けて」において「キャリアガイダンス」を教育課程の内外へ設置することが提言されたこと，の3点が同時に進行したことから，大学生全体を対象とした大学教育の一環としての「キャリア支援」「キャリア教育」という形として各大学に広がっていった。こうした動きの中で，就職市場においては相変わらず女子学生が圧倒的に不利であるという問題点が見えにくくなっていった。
　その後，長期にわたる不景気も2002年を底に少しずつ上向きとなり，2003年から2008年にかけて急速に回復していった。社会経済状況の好転に伴い，女子学生の就職内定率は男子学生と遜色ないほどに回復した（図2-2参照）。また，1999年の男女共同参画社会基本法の制定から数年が経過し，

　男子学生と同様，女子学生にとっても，余り深く自分の人生を考えることなく，「大学生活の次は職業生活」が当たり前のライフスタイルとなっているようである。（中略）女性が多様な生き方のできる社会に移行しつつある。
（渡辺 2004：17）[24]

といったように，女子学生にも職業を中心として，結婚，出産，育児などを自分自身で選択する「多様な生き方」が可能となってきた。しかし，一方で「選択肢が増えるということは葛藤と悩みが増えること」(渡辺 2004：19) でもあった。この点について，『大学と学生』誌上で行われた就職活動についての大学生座談会において，ある女子学生・A子と男子学生・B男は以下のように語っている。

> A子：私の場合も，総合職を希望していましたし，また女性が長く働ける環境・結婚後の育児休業等の制度がある企業を希望しましたので，企業についてインターネットなどで良く調べました。
> B男：僕の場合は，就職活動するにあたって自分自身の結婚観については，とくに考えませんでした。結婚についても，結婚後についても，働きやすい会社という点はとくに考えませんでした。
> A子：(中略) 男子学生でしたら，仕事一本の人が多いと思います。女子学生の場合は幅広い選択肢を，就職の時点で考えなくてはならない。[25]

このように，女子学生の人生の選択肢が増え，それらの選択肢を自在に組み合わせることも可能になってきたことで，大学在学中の就職活動の際にある程度の人生設計を想定する必要が生じ，男子とは異なる悩みを女子学生自身も抱えるようになっていた。

こうした状況を受けて，

> 社会における女性の現状を十分に理解し，女性の多様な生き方をふまえた，女性の視点からのアドバイスは不可欠である。　　　　(森 2005：15)[26]

就職活動はいわば自己発見の旅であり，「生き方」・「働き方」を問う人生設計の場であるとも言える。そうした人生設計において，男女の性差を無視することはできない。(中略) 多様化した学生の職業選択，人生設計を支

援することが,今我々のキャリア教育に課された命題であると考えている。

(近藤 2004：44-45)[27]

といったように,大学側からも,ジェンダーの概念を念頭においたうえで,女子学生のキャリア（人生全体）の設計を考える手助けをするという支援の必要性を問う声が出はじめた。

では実際に,このような視点に立ったキャリア支援の取組みの状況はどのようなものだったのだろうか。2003年に文部科学省によるGP（Good Practice）事業[28]が始まり,大学教育の分野において,競争的な資金の配分が始まった。こうしたGPには多くの大学から,新たな大学教育のプログラムの申請がなされた。折しも,長期にわたる大学生の就職難の時期を経た後ということで「キャリア教育」や「キャリア支援」をテーマとするものも多く見られた。

しかし,実際には,「キャリア」を考えるうえで必要不可欠であると思われるジェンダーの視点を取り入れた支援のプログラムは女子大学や女子が多くを占める短期大学が主な申請者であり,共学の大学には行き届いていない状況があった。加野芳正（2009）によると,2006年から2008年までの3年間に「現代GP」「学生支援GP」[29]の各GPに申請された四年制大学のプログラムの中で,「キャリア」「女性」もしくは「男女」というキーワードを含むプログラムを調べたところ,女子学生のキャリア支援に焦点をあてたプログラムは13事例見られた。しかし,そのほとんどは女子大から申請されたものであり（11件）,共学大学から申請されたものは,わずか2件に過ぎなかったという（加野2009：45）。これは,あくまで,GPに採択された取組み事例の中での割合に過ぎないが,「キャリア」を考えるうえで必要不可欠であると思われるジェンダーの視点を取り入れた支援のプログラムの数は多くはなく,しかも女子大に集中する傾向があり,日本の大学生の大多数を占める共学大学には行き届きづらい状況を垣間見ることができる。

さて,2003年から好転した日本の経済状況も2008年にアメリカで起こった「リーマン・ショック」による世界的大不況の波に再び巻き込まれた。大学生

たちの就職状況は，再び氷河期となった。2010年12月時点での就職内定率をみると，四年制大学全体で68.8％（前年比 △4.6ポイント），男子学生が70.1％（同 △2.9ポイント），女子学生が67.4％（同 △5.8ポイント），短大生45.3％（同 △2.1ポイント）となっており，以前の時代と同様，不況になると女子の採用にしわ寄せがくる状況が繰り返されている。その後，2015年にかけて大学生の就職率は回復傾向にあるが，現在の女子学生たちは，人生の選択肢が増え，それゆえの悩みを抱えていることには変わりはないだろう。

第3節　ジェンダーの視点を取り入れたキャリア支援の必要性

　これまでみてきたように，女子学生に対する就職支援，キャリア支援の発展過程の裏側には，「男性は仕事，女性は家庭」といった根強いジェンダー規範とのせめぎ合いの歴史があった。近年においては，男女雇用機会均等法や男女共同参画社会基本法といった政策面における整備が進んだため，就職に際しても，ジェンダー規範による女子学生の不利益はだいぶ緩和されてきている。しかし，経済状況が悪化すると，女子学生の就職内定率は，男子よりも低下するといった構図は変わっておらず，法的な整備の効果よりもジェンダー規範の根強さのほうが勝るといった図式は相変わらずの状況である。

　序章でも述べたが，このような，女子に対するジェンダー規範の根強さは，とりもなおさず，男子にとっては「一家の大黒柱となるべく，働くのが当然」というプレッシャーと表裏一体となっており，女性のキャリア問題は男性にとっての問題でもある（加野 2009：47）ため，ジェンダーの視点から，大学生のキャリアの問題を考えることは，女子学生のみならず，男子学生にとっても必要不可欠なことであるといえる。

　また，前章と本章で検討したキャリア支援に関する歴史的な流れから見えてくるもうひとつ重要な点としては，大学生のキャリア形成をめぐる視点の変化が挙げられる。2000年代初頭に「フリーター」「ニート」問題が，若者の労働意欲の問題と結びつけられる形で社会問題化したことによって，大学生のキャ

リア形成を目的とした「キャリア支援」は，若者の労働問題の解決策として位置づけられる構図となった。前述のとおり，「フリーター」「ニート」には男性が多いというイメージとは裏腹に，女性のほうが多いという事実がある（木村 2010：165）。しかし，このような事実関係は，「フリーター」「ニート」問題が若年男性の労働意欲の問題として可視化されることで，覆い隠される形となり，依然として労働市場における女性の不利な立場を見えづらくしてしまっている。現実として，大卒後に無業となるものには女性が多いことを考え合わせると，大学におけるキャリア支援にジェンダーの視点を取り入れ，とくに依然として労働市場における女子学生の不利な状況を踏まえたキャリア支援を行う必要性があるものと考えられる。

　しかし，現状においては，女子学生も就職することが当たり前となり，男女雇用機会均等法などの法的整備も進んでいることから，一見，男女平等が達成されているように思われ，キャリア支援にジェンダーの視点を取り入れている大学は，女子大がほとんどとなっている状況である。大学生のキャリア形成において，ジェンダーへの配慮が形骸化しないためにも，大学生の生活実態やジェンダー意識と将来展望との関係についての実証的な研究をもって大学生の実態を明らかにしたうえで，より現実に即した有効なキャリア支援策を考えることが重要である。

　次章以降，この大きな課題に取り組むべく，大学生調査のデータを用いた実証的な分析を行い，有効なキャリア支援を行うにあたって必要な視点とは何かを明らかにしていくこととする。

注：
1) Leona W. Felsted 博士は，オハイオ州立大学の女子学生部長（当時）。
2) 伊勢田鈴子は日本女子大学学生生活課長（当時）。
3) 三輪輝夫は同志社大学就職部長（当時）。
4) 山中弘は徳島大学学生部次長（当時）。
5) 衆議院ホームページ「制定法令」より。http://www.shugiin.go.jp/internet/itdb_housei.nsf/html/houritsu/06819720701113.htm（2015年1月15日現在）

6) 八木淳は元朝日新聞論説委員，行政監理委員（当時）。
7) 阿部精吾はリクルート事業部長（当時）。
8) 濱田勝宏は文化女子大学学生課長，助教授（当時）
9) 佐藤ギン子は労働省婦人少年局婦人労働課長（当時）。
10) 山崎礼子は跡見学園女子大学就職課調査役（2002年当時）。1984年のエピソードは2002年時点での振り返りによる記述となっている。
11) 石川陽治は朝日新聞編集委員（当時）。
12) 醍醐朝美はリクルートリサーチ調査部主任研究員（当時）。
13) 葛西叡治は青山学院大学就職部事務部長（当時）。
14) 堀靖之は九州大学厚生課長（当時）。
15) しかし，総合職の半数は男性が占めており，一般職の大半は女性が占めているという状況となっている。その理由として橘木俊詔は，第一に日本社会における性別役割分業意識による女性の補助的役割の推奨，第二に責任の重い仕事や転勤の多い総合職は男性に任せた方が効率的という企業の人材配置の効率化によるもの，第三に新卒採用の際に男性の方が高等教育を受けたものが多く，また，専攻も男性はホワイトカラー的な仕事に直結する社会科学系が多いが，女性は人文系や家政系といった，こうした仕事と関連のない分野を専攻する割合が高いこと，を挙げている（橘木2008：29）。
16) 原田大吉は立教大学就職課長（当時）。
17) 井上龍太は西南学院大学就職課長（当時）。
18) 新津金弥は昭和女子大学学生部長（当時）。
19) 「就職内定率」とは，就職希望者に対する就職決定者の割合。一方，「就職率」は，卒業者数に対する就職決定者の割合。したがって，就職内定率には卒業者の内の進学者，フリーター，教員採用試験等の浪人者などが含まれておらず，より純粋な就職内定状況を把握できる。なお，1997年以前の年度に関しては，公式統計がとられていないため，本書においては文部科学省の学校基本調査による就職率のデータを使用している。
20) 二井房男は前・東京都立商科短期大学長（当時）。
21) 緒方眞也は女子美術大学，女子美術短期大学就職部長（当時）。
22) 小杉礼子は日本労働研究機構研究員（当時）。
23) 松水征夫は広島大学就職センター長（当時）。
24) 渡辺三枝子は筑波大学教授（当時）。
25) 「座談会 大学生のキャリア形成について」『大学と学生』495号，2005年，pp.27-32. 記事によると，A子は国立大学の4年生。B男は私立大学の4年生。
26) 森玲子は広島大学キャリアセンター助教授（当時）。
27) 近藤章雄は湘北短期大学キャリアサポート課長（当時）。
28) GPとは，Good Practiceの略で，文部科学省による高等教育機関（大学，短

大，高等専門学校）が実施する教育改革の取組みの中から，国公私を通じた競争的環境のもと，第三者による公正な審査をもって優れた取組みを選び，支援するとともに，その取組みについて広く社会に情報提供を行うことにより，他の大学等が選ばれた取組みを参考にしながら，教育改革に取り組むことを促進し，大学教育改革をすすめる事業のこと。

29）「現代 GP」とは「現代的教育ニーズ取組支援プログラム」「学生支援 GP」とは「新たな社会的ニーズに対応した学生支援プログラム」のこと。

第3章
大学生調査：
実証分析の方法と理論の検討

第1節　計量的モノグラフへの注目

　第3章以降の分析においては，主に大学生を対象とした大規模アンケート調査データを用いた計量的な分析方法を用いることとする。これまで述べてきたとおり，本書の研究の目的は，日本の大学における大学生の生活と意識の実態からキャリア支援の課題を考察するための基礎的な知見を示すことにある。したがって，研究対象は「日本の大学生」という大きな集団の意識的な特性を把握する必要がある。また，大学教育政策的な観点も加わるため，属性などのカテゴリ別の傾向を示しながら，「日本の大学生」の現状をある程度一般化しやすいような形で結果を提示する必要がある。このような研究上のニーズに応えるためには，個別事例を深く観察する質的研究を行うよりは，対象である日本の大学生の意識特性の傾向とパターンをカテゴリ別に分析できるだけの標本数を確保し，統計的な手法を用いて，客観的な数値として提示する量的な研究方法のほうが，より適合的であると考えられる。

　計量的な方法を採用するにあたっては，尾嶋史章（2001）が提唱している「計量的モノグラフ」[1]という視点を取り入れることとする。「計量的モノグラフ」とは，伝統的な計量的研究のスタイルである「仮説－検証」という手法から一歩踏み込んだ形で，「測定概念間の関係性を現実世界との関わりの中でどのように解釈し，説明していくか……（中略）社会現象を実際に読み解いていくためには，計量社会学といえどもデータが現実世界の何を映し出しているのかを

常に問いかける作業」(尾嶋 2001：7) というものである。すなわち，「計量的モノグラフ」は，データ分析の結果の解釈を通じて，調査対象を取り巻く「リアリティ」を記述する方法であるといえる。

　本研究においては，以下の2点の理由から「計量的モノグラフ」に注目している。

　まず，第一の理由として，尾嶋は，佐藤郁哉 (1992) を引きながら，「「モノグラフ」とは全体的な骨組みを大づかみに把握し，理解できるようなモデルを作ることである」(尾嶋 2001：9) としている点である。前述のとおり，本書では，大学生調査のデータを分析し，現代の大学におけるキャリア支援の課題の析出と整理を目的としており，データ分析を通じて「現実世界」を描き出し，それを整理し，モデル化しようとする「計量的モノグラフ」の立場とほぼ一致するものである[2]。第二の理由としては，「計量的モノグラフ」においては，継続的な調査の結果から，測られた事象の意味を繰り返し問い，社会現象やその変化のもつ社会的意味を明らかにすること，すなわち「歴史的過程」を正確に把握することも目的である (尾嶋 2001：10) とされている点である。本研究においても，同一の質問を含む10年間3時点 (章によっては16年間4時点) における大学生を対象としたアンケート調査を用いた分析を行っており，まさに，「(大学生を取り巻く) 社会現象やその変化のもつ社会的意味」に迫ろうとするものであるという点で，研究方法上の目的を同じくしている。

　なお，このような調査時点による変化 (＝歴史過程) を解釈するためには，あらかじめ大学におけるキャリア支援の歴史的な発展過程と社会背景の変化について正確に把握しておく必要がある。そのため，本章以降の実証的な計量分析に先立って，1，2章で戦後の日本の大学におけるキャリア支援の歴史的変遷について論じてきた。大学生の意識や行動の背景にある，社会構造や大学教育政策の変化を加味することで，より解釈に厚みのある「大学生モノグラフ」が描けるものと考える。

第2節　大学生研究の理論的検討

　本章以降の分析においては，大学生を対象とした質問紙調査を用いた分析を行い，本書の最終的な目的であるジェンダーの視点を取り入れたキャリア支援について考察するための実証的な基盤とする。

　分析に先立って，大学生活や最終的に醸成されるキャリア意識といった大学教育の働きかけと効果に関わりの深い「カレッジ・インパクト」と「チャーター理論」の概念について整理を行う。さらに，ジェンダー意識とライフコース展望の関係を理論化した「ジェンダー・トラック」についての検討を行い，実証研究で使用するデータの詳細と分析枠組みを提示する。

1．カレッジ・インパクト研究

　カレッジ・インパクト研究は「実際に大学教育（college attendance）が学生にどのような影響を与えているのかを測定するためのものであり，大学教育の効果を示す一指標を提供するもの」（作田 2001）として，1970年代にアメリカのA. W. Astinによって理論的に整理されたものである。Astinは，それまでのアメリカにおける大学生調査では見落とされてきた大学入学前の属性や意識といったinput要因が大学生活や大学教育の成果に及ぼす影響と大学における経験の違いが学生の変容に与える影響を考慮に入れた「病院モデル」（I-E-Oモデル）を提示した（Astin 1993）。

　病院モデルとは，学生を患者，大学を病院に喩えたもので，「学生（患者）が教育（治療）を必要としたり欲したりするために大学（病院）に入り，大学（病院）はそのような学生（患者）の要求に即したプログラムを施す」（作田 2001：49）といったものであり，現在では一般的にI-E-Oモデルと呼ばれているものである（図3-1）。「カレッジ・インパクト」とは，狭義には大学におけるさまざまな教育活動や学生生活などが，卒業時に大学教育の成果に及ぼす影響のことであり，図3-1における矢印のBを指している。

　Astinは，学生を患者に喩えてはいるが，学生を決して受動的な存在として

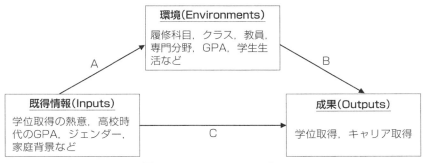

図3-1　AstinのI-E-Oモデル

出所）作田（2001），山田（2010）を参考に筆者作成

捉えてはおらず，能動的に大学に関与（Involvement）させることによって，成果（Outputs）に導かれる存在であると考えている。また，学生の学習や発達は，こうした関与の質と量に比例し，教育政策，教育実践は学生の関与を増大させることにつながっているとしている（作田2001，山田2010）。

その後，Astinのカレッジ・インパクトモデルは，Tinto（1993），Kuh（2001，2003），Pascarella & Terenzini（2005）らによって修正，精緻化されながら受け継がれている。

カレッジ・インパクトモデルについて，Astinをはじめとするいずれの論者にも共通する点としては，① 入学前の学生の背景的な特性，② 大学の構造や組織の特性，③ 大学環境による経験といった変数を用いて，最終的な結果（Outputs）への影響を導き出そうとしている点である。その中でもとくに大学環境（Environments）が学生に与える影響に着目している点が特徴であり，これがカレッジ・インパクトモデルの基本枠組みであるといえよう。

日本において，カレッジ・インパクト研究をベースにした大学生調査分析のモデルとしては，「大学生の社会化モデル」（武内2008：11）や山田らによる日本版大学生調査（JCSS）によって検証された「大学環境と学生の成長モデル」（山田2010：25）が挙げられる。

武内清は，大学の制度や教育は，大学生の学びや発達（＝社会化）に大きな

影響を与えているという(武内 2008：11)。武内のモデルによると，① 親の階層や教育期待，② 学生の入学以前の属性，③ 大学外の友人，アルバイト，メディアといった大学外の準拠集団，④ 大学内部の授業，教員-学生関係，サークル活動，友人関係の影響を受けて，⑤ 社会化のアウトカム[3]としての将来展望や価値観の醸成が行われる。すなわち，大学生は，授業やカリキュラムのみならず，キャンパスライフ全体の影響を受けながら成長するというモデルであり，Astin の I-E-O モデルに学生の意識変数を加えて，拡張したものである(図3-2)。

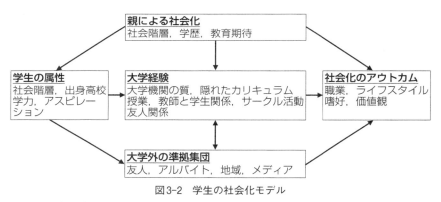

図3-2 学生の社会化モデル

出所)武内(2008)をもとに筆者が作成

　一方，山田礼子のモデルは，Astin の I-E-O モデルを精緻化した Pascarella らのモデルをベースに，日本の学生の成長と環境要因の関係を分析した大学生調査の結果から検討されたものである(図3-3)。山田の分析によると，学生が獲得する「知」は，学年が上がるにつれて上昇し，その結果，さまざまな大学内での環境に関与すること，さらに，学生の「知」の獲得を支える教員の関与が教育効果へもたらす影響の強さといったメカニズムが確認され，① 学年，② 学生の関与，③ 教員の関与といった大学教育における環境要因が，学生への教育効果を高めることを示したモデルとなっている(山田 2010：25-26)。

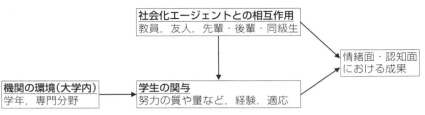

図3-3　大学環境と学生の成長モデル

出所）山田（2010）をもとに筆者が作成

　2つのモデルを比較してみると，武内のモデルは，学生の属性，親の影響，大学外における活動といったように，大学内の教育効果に与える環境要因の範囲が広範にわたっており，学生の生活範囲そのものに着目したモデルであるといえる。一方，山田のモデルは，大学内の環境要因に焦点を絞り，大学教育の効果に与え得る環境要因の検討から導き出されたものと思われる。双方のモデルの共通点としては，これまで日本の高等教育研究が入試，学歴問題，職業との接続といった入口と出口の問題に集中していた中において，これまでブラックボックスとなっていた大学の環境が学生の成長に及ぼす影響に着目し，大学教育を学生の「社会化エージェント」として捉えている点にあるといえよう。

　しかしながら，カレッジ・インパクトモデルの限界としては，環境要因変数同士，もしくは環境要因変数とアウトプットとの相関関係の断片的な説明にとどまり，その相関が生じた理由や大学組織全体からのインパクトの説明が不十分である点が指摘されている（丸山 1981，藤村 1995，中西 1998）。すなわち，なぜ特定のタイプの大学が特定のタイプの学生に特定の影響を与えているのかといったことは，カレッジ・インパクトモデルからでは明らかにはならないのである（丸山 1981）。ここから，大学の内部構造のみならず，社会的なものとしての大学組織といった外部社会とのかかわりからのインパクトに着目する必要性が問われてきた。

2．チャーター理論

上記の問題点に大きな示唆を与える理論が，Meyerによる「チャーター理論」である。

チャーター理論とは，カレッジ・インパクトモデルの基盤理論となっている学生の社会化モデルに，大学の外部からの評価やイメージ（チャーター）といった外部構造を加味した理論であり，アメリカのJohn Meyerの1970年代の代表的な業績として知られているものである。チャーター理論とは，「学校が生徒の社会化に効果を持ちうるのは，学校がある属性を備えた人間を作り出してもよいという社会から承認された「免許（charter）」を持っているためである」（丸山1981：103）というものである。大学のチャーターとは，その大学の理念・特質・文化を含む，社会から与えられた大学イメージ，風土のことである。大学のチャーターは，個々の大学によって異なるものであり，カレッジ・インパクトにおける大学環境要因とは独立している。たとえば，大学環境が同一である複数の大学においても，大学のチャーターがそれぞれ異なるものであるならば，大学が学生に与えるインパクトも異なってくる。

チャーター理論の具体的な構成要素としては，①卒業生が示してきた進路，職業的地位，②卒業生の進路について社会一般のもっている印象，③これらの2つの要素に基づいて，ある学校の卒業生は特定の進路を選んで当然であるという正統性，の3点である。個々の大学のチャーターは，在学中の大学生の将来展望の形成に影響を与え，それによって彼らの価値観や態度などが醸成される（丸山1981：103）。すなわち，学生は社会から付与されるチャーターによって社会化されるのである。まさにこの点が，チャーター理論がカレッジ・インパクトと視点を異にするところである。

カレッジ・インパクト，チャーター理論とも，モデルの最終的な目的（output）は大学という機関に所属し，学ぶことの結果として得た学位，知識，人間的な成長である。さらに言えば，学位や知識を得，人間的に成長することを通じて醸成された将来のキャリア展望であり，大学から社会への「配分」のメカニズムに迫るものである。カレッジ・インパクトにおいては，大学内部の教

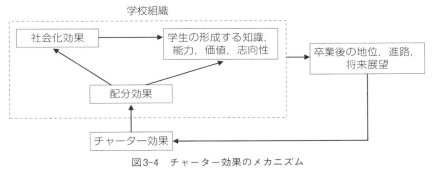

図3-4 チャーター効果のメカニズム

出所）中西（1998）より筆者が作成

育効果による配分までの視点にとどまっていたが，チャーター理論においては，大学に対する社会からのイメージ（＝チャーター）に注目することで，配分効果そのものに対する説明を可能にしている（図3-4）。

3．ジェンダー・トラック研究

　中西祐子（1998）によるジェンダー・トラック研究は，これまで論じてきたカレッジ・インパクトに加えて，大学の外部効果であるチャーター理論にも注目し，ジェンダーの視点から女子学生のライフコース展望を分析し，女子特有の進路形成，キャリア形成のあり方を「ジェンダー・トラック」と名づけたもので，本書の主要な先行研究の成果として位置づけられるものである。

　中西は，日本の女子高校生と女子大学生の進路を客観的に決定する「装置」としての学校に着目し，その内部過程を明らかにすることを通して，女子の進路分化に特有のメカニズムを描き出している。分析においては，主に学校に付与されたイメージがその学校の生徒・学生に与える影響による進路分化の実態に迫るため，チャーター理論を枠組みとしている。さらに，実際のチャーターに基づく学校内部の社会化・配分過程を捉える指標としてKingの学校組織論[4]を用いて，個々の学校や大学のもつ，チャーターに基づいた教育内容，設備，規則，人的物的資源，社会的文脈といった学校の内部過程の影響の強さを実証

的に明らかにすることを試みている。

その結果，女子高校生，女子大学生双方の分析結果として，同一学力内においても異なる教育理念をもった学校の生徒・学生は，その教育組織がもつ教育観に沿った進路を希望していることが明らかとなった。詳述すると，学校の理念として職業婦人の養成を掲げている学校や大学に通う生徒・学生たちは，良妻賢母教育を理念としている学校の生徒・学生たちよりも，専門職への就職，定年までの就業希望といったライフコースを希望する傾向にあり，一方で，良妻賢母教育の理念をもつ学校に通う女子たちは，職業婦人教育の理念をもつ学校の女子たちに比べて家庭・育児優先のライフコースを希望する傾向が確認された。すなわち，女子においては，学力水準によらないノン・メリトクラティックな進路分化において，出身学校のチャーターに基づいた性別役割観の内面化によるトラッキング（水路づけ）である「ジェンダー・トラック」のメカニズムが存在しているのである。

また，中西はこのような進路分化は，入学前の家庭の影響を強く受けたものなのか，もしくは，学校内部の社会化効果の影響によるものなのかといったInput（家庭文化）− Throughput（教育組織）− Output（進路）の対応関係を分析した。その結果，女子の進路分化には母親の現在の就業形態の影響が反映されていることが明らかとなった。さらに，母親−学校−進路の三者関係から分析すると，母親の諸属性が娘の進路に与える影響よりも，学校組織の影響が強くみられており，女子の進路分化のメカニズムには，家庭の効果とは独立した形で学校効果が存在していることが示唆される結果が得られている。

中西の「ジェンダー・トラック」研究の最大の意義は，Input − Throughput − Output といった，カレッジ・インパクトモデルでいうところのI-E-Oの図式における，それぞれの変数間の関連性の分析にとどまらず，Throughput（学校・大学）の内部構造と外部から与えられるチャーターによる社会化効果のメカニズムを明らかにしたところにある。ここから，学校組織とチャーターによるジェンダー意識の社会化と，それによる女子学生特有の進路選択メカニズムが明らかにされ，女子の将来展望の分化には，家庭の影響のみならず，学校・

大学文化とジェンダー意識が深く関わっていることが実証されたのである。

第3節　実証分析の枠組み

　ここでは，これまでの大学教育，学生文化，ジェンダー意識にかかわる理論の検討から，以降の章での分析枠組みを提示する。

　カレッジ・インパクト，チャーター理論にジェンダーの視点を加えて分析した中西の「ジェンダー・トラック」の分析枠組みは，Astin のカレッジ・インパクトの基本枠組みである Input － Throughput（Astin の場合は Environment）－ Output といった垂直方向の関連性に加えて，社会化エージェントとしての学校組織という水平方向の分析を行っているという点において，最も精緻化された分析枠組みであると言えるだろう。武内（2008）の「大学生の社会化モデル」もジェンダーの視点は無いものの，これまでブラックボックスとなっていた大学生の意識面も含めた大学生活（キャンパスライフ）の社会化効果に注目している点では同様である。本書においても，Astin，中西，武内のモデルを基盤とした Input － Throughput（Environment）－ Output といった垂直方向の関連性を確認すると同時に，学生生活の内部といった水平方向の視点も取り入れて分析を行う。学生生活の内部については，学生生活の環境変数（Environment）というよりは，環境変数に学生の意識変数を加えた学生の生活と意識変数（Throughput）に注目することとする。

　さらに，本書においては，「キャリア支援」という大学教育における現代的問題を取り上げているため，日本の大学が置かれている現状を加味した分析枠組みを考える必要がある。中西のモデルにおいては，大学の「チャーター」が最も重要な分析軸であった。中西が調査を行った1990年代初頭においては，まだ，日本の大学が大学改革の波に翻弄される以前の時期であり，大学内の教育効果よりも大学のブランド力や偏差値といった外部効果（＝チャーター）が十分に機能していた時代であったといえる。しかし，1990年代の大学改革によるカリキュラムの弾力化，四年制大学進学率の急上昇，18歳人口の減少，入

試の多様化，新設大学の増加，そして大学生の質の多様化といった日本の大学をとりまく状況の変化によって，これまで機能してきた大学のチャーター効果が，一部の歴史と伝統のある主力大学を除いて，機能しづらくなってきている。また，産業界の側も，長期不況の影響で，新卒の大学生に対する企業内教育を行う余裕がなくなったことから，大学に教育の成果を強く求めるようになった。さらに，大学生自身やその保護者も消費者意識が強くなり，授業料の対価に見合う教育内容やサービスを大学に求めるようになってきた。こうした事態に加えて，大学生の質の多様化といった現状にも直面し，大学側にとっても，学生に対する教育の必要性を自覚させられる事態となった。まさに，現在は大学の内部の教育が重視される「カレッジ・インパクト」の時代となってきたのである（山田 2005）。

　中西の研究における大学内部（Throughput）の分析は，大学組織，学生文化を変数として扱っていたが，山田が述べているように，現代の大学においてはチャーター効果が成立しない大学も多くなってきているため，大学の組織やサークル，アルバイト，友人との交友などの学生文化変数のみならず，大学における勉学といった，より大学教育の内容にかかわる変数にも注目する必要があるものと考えられる。知識基盤社会といわれる現代社会では，大学生の講義や学習に対する姿勢は，大学生活とその先にある労働市場とをつなぐ重要な鍵となっており，どのような職業に就くのか，どのような人生を送るのかといった彼らのキャリア展望の醸成にかかわる重要な要因となっているからである。このような日本の大学をめぐる現代的な状況を踏まえ，本書における大学内部の分析では，大学生の大学内での活動全般を扱うこととする。

　こうした大学生の学生生活に影響を及ぼしている Input の部分において，中西のモデルでは，親の最終学歴や職業，就業状況が変数として設定されていたが，本書においては，親の属性（学歴）と大学の間に，家庭の文化に依拠し，学校文化との親和性の橋渡しともなる大学入学前の経験を加味して分析する。本書においては「高校時代の活動」変数を用いることとする。

　序章で述べたとおり，大学生の将来展望にはジェンダー意識の影響が大きく

関わってくる部分であるため，本書の分析モデルにおいても，Inputから Throughputへの検討にジェンダーの視点を加え，最終的には，Throughput からOutputの部分を分析することを通して，現代の大学におけるジェンダーの視点を取り入れたキャリア支援を考える基礎としたい。ジェンダーにかかわる意識は，社会に深く根ざしたジェンダー規範を基にして，成長段階における，あらゆる経験を通じて生成と変更を繰り返しながら醸成されるものであり，その結果として，進路選択時のキャリア意識に影響を及ぼすものである。そのため，モデル全体にわたってジェンダー意識との関連を設定しており，分析の大

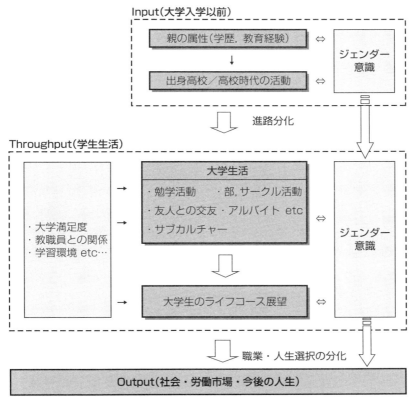

図3-5　本研究の分析概念図

部分において，性別を独立変数とした分析を行い，ジェンダーの視点から考察することとする。

以上のような先行研究と理論的な検討をもとに，現代の大学の現状を考慮した分析概念図を作成した（図3-5）。

本書における実証分析の最終的な目的は，これまでの先行研究の知見を踏まえたうえで，この分析枠組みを基にしたデータ分析の結果から，現代の日本の大学生の現状を多角的に捉えた知見を提示することにある。

第4節　使用データの説明

本書における計量的な実証分析では，1997年，2003〜2004年，2007年，2013年の4時点で実施した「現代の大学生の生活と意識」調査と2005年に実施した「現代の大学生，専門学校生の意識調査」の2種類のデータを用いる。データの詳細は以下のとおりである。

1．「大学生の生活と意識」調査（大学生調査）の概要

「大学生の生活と意識」調査（以下，「大学生調査」）は筆者も参加していた「大学生文化研究会」のメンバーによって，1997年，2003〜2004年，2007年，2013年の16年間4時点にわたって行われた質問紙調査である[5]。調査目的としては，いずれの調査においても，現代の大学生の学生生活や学生文化の実態と機能を実証的に明らかにしようとするものであり，学生の意識と行動の実態把握と将来展望の分化の要因となっている諸属性に関する分析，学生文化と他の社会的要因との関連を把握することを試みている。

質問紙の内容としては，各調査時点において，発展的に見直され，質問項目に増減が生じているが，属性（学科，学年，性別，居住形態，入試形態），大学入学・選択理由，授業への出席率，サークル，友人関係，大学満足度（授業，大学設備等），生活時間（テレビ視聴，通学，アルバイト，読書，勉強等の時間），アルバイト（頻度，職種），生活に占める活動の比重（恋愛，勉強，趣味），子ども

の頃のこと，高校生活，大学観，自己意識，社会意識，将来展望，親学歴（父・母），自由記述欄といった基本項目については，3時点にわたって同一の質問文，質問形式を用いており，経年比較ができるように配慮されている。

なお，本調査は，全国の大学をランダムサンプリングしたものではないが，文系の学生を対象に，さまざまな地域，規模，入学難易度の大学の学生を調査対象としている。また，調査対象となる大学については，経年比較が可能になるよう，いくつかの大学においてはすべての調査年度とも調査対象としているが，各調査年度によって異なる大学構成となっている。

① **1997年調査（97データ）**
- 調査年　　：　1997年10月～12月
- 調査大学　：　19大学（四年制国立大学5校，四年制公立大学1校，四年制私立大学9校，私立短期大学4校）
- 調査方法　：　授業時に学生に記入してもらう自記形式（一部持ち帰り方式）
- 回収率　　：　ほぼ100％
- 調査対象　：　人文・教育・社会科学系学部に所属する大学生，短期大学生
- 標本数　　：　2,130名（男子612名，女子1,518名）

② **2003年，2004年調査（03データ）**

2003年，2004年調査は，1年の間隔をあけて2回調査を実施している。ほとんどの大学はいずれか1回の調査を行っているが，F大学とJ大学については2回調査を実施している。質問紙の内容は，2004年調査において若干の変更を加えている。

- 調査年　　：　①2003年11月～2004年1月（A～M大学）
　　　　　　　　②2004年11月～2005年1月（F, J, P～X大学）
- 調査大学　：　21大学（四年制国立大学5校，四年制私立大学13校，四年制私立女子大学3校）
- 調査方法　：　授業時に学生に記入してもらう自記形式（一部持ち帰り方式）
- 回収率　　：　ほぼ100％
- 調査対象　：　人文・教育・社会科学系学部に所属する大学生

- 標本数 ： ①1,925名（男子654名，女子1,269名）
　　　　　　②1,234名（男子405名，女子829名）（2004年度F，J大学のデータも加えた場合）

③ 2007年調査（07調査）

2007年調査の詳細は以下のとおりである。
- 調査年 ： 2007年11月～2008年1月
- 調査大学： 14大学（国立大学3校，私立大学11校）
- 調査方法： 授業時に学生に記入してもらう自記形式（一部持ち帰り方式）
- 回収率 ： ほぼ100％
- 調査対象： 人文・教育・社会科学系学部に所属する大学生
- 標本数 ： 2,647名（男子793名，女子1,854名）

④ 2013年調査（13調査）

2013年調査の詳細は以下のとおりである。
- 調査年 ： 2013年10月～12月
- 調査大学： 14大学（国立大学4校，私立大学10校）
- 調査方法： 授業時に学生に記入してもらう自記形式（一部持ち帰り方式）
- 回収率 ： ほぼ100％
- 調査対象： 人文・教育・社会科学系学部に所属する大学生
- 標本数 ： 1,771名（男子674名，女子1,095名，性別無回答2名）

2．「現代の大学生，専門学校生の意識」調査（女子学生調査）の概要

　「現代の大学生，専門学校生の意識調査」（以下，「女子学生調査」）は，筆者が2005年度に行った質問紙調査である。研究目的としては，女子学生の「女性性」意識が将来展望に与える影響を調査するものであったため，質問紙の内容としては，大学生調査と同様に，属性（学科，学年，性別，居住形態，入試形態），大学入学・選択理由，授業への出席率，生活に占める活動の比重（恋愛，勉強，趣味），自己意識，社会意識，将来展望に加えて，女性雑誌購読に関する意識や，ファッション，化粧行動に関しても質問している。

なお，教室での一斉調査であったため，共学校においては，男子学生にも同時にアンケート調査を行っているが，今回の分析においては，女子学生のみのデータを使用した。
　女子学生調査の詳細は以下のとおりである。
・調査年　　：　2005年9月〜11月
・調査大学　：　全国の7大学，1短期大学，2専門学校の学生
・調査方法　：　授業時に学生に記入してもらう自記形式（一部持ち帰り方式）
・回収率　　：　ほぼ100％
・調査対象　：　人文・教育・社会科学・理工・看護系学部に所属する大学生，短期大学生，看護・福祉系の専門学校の学生
・標本数　　：　2,647名（男子793名，女子1,854名）（※分析では女子学生のみ使用）

注：
1）「モノグラフ」とは，特定のテーマで書かれた文献のことであるが，社会学や文化人類学においては，フィールドワークの成果（民族誌，フィールドノーツ）という意味があり，あるテーマを多方向から観察し，分析した結果の記述物のことである。
2）　本書を構成するほとんどの章においては，「仮説−検証」のスタイルをとらず，「問題設定−探索的分析−結果の考察」といった「計量的モノグラフ」に近い方法で分析を行っているが，一部の章では仮説を設定しているものもある。その場合においても，検証の結果の提示にとどまらず，現実世界との関わりから解釈し考察を行っている。
3）　アウトカム（outcome）とは，厳密には大学教育の成果（outputs）がもたらす，最終的な結果という意味であり，武内のモデルにおいてもアウトカムの内容として「職業」や「ライフスタイル」，「価値観」が挙げられている。しかしながら，outcomeとoutputは，ほぼ同義として扱われており，総じて大学教育が学生にもたらす教育的な影響の成果，結果を指すことが多い。
4）　Kingの学校組織論とは，学校組織と知識伝達との関係についてのメカニズム研究であり，「活動変数」（知識や態度などの伝達される事柄と伝達過程），「構造変数」（規則や儀式などの設定，儀式化，明文化），「文脈変数」（教育資源，規模，生徒の構成，歴史的社会的文脈）によって，学校による社会化の内部プロセ

スを説明している。
5） 「大学生の生活と意識調査」は，大学生文化を研究する研究者たちによって組織された「大学生文化研究会」によって，平成8〜10年度文部科学省の科学研究費補助金（基盤研究（C））「学生文化の実態，機能に関する研究」（1997年，研究代表者：武内清）において始まった大学生を対象とした質問紙調査であり，その後，平成16〜18年度文部科学省科学研究費補助金（基盤研究（B））「有効な学生支援に関する実証的研究—学生のキャンパスライフからの考察—」（2003，2004年），平成19〜21年度文部科学省研究補助金（基盤研究（B））「大学の「教育力」育成に関する実証的研究—学生のキャンパスライフからの考察—」（2007年），平成24〜26年度日本学術振興会科学研究費補助金（基盤研究C）「現代の学生文化と学生支援に関する実証的研究—学生の「生徒化」に注目して—」（2013年）（いずれも研究代表者は武内清）に引き継がれつつ16年間4時点にわたって行われたものである。

第4章
女子学生の「女性性」意識に関する実証的研究
――ライフコース展望，入学難易度との関連に注目して

第1節　現代における女子学生のライフコース展望の分化への着目

　本章では，高等教育の大衆化時代を迎えた現代の日本における女子学生の「女性性」意識と将来のライフコース展望との関連を実証的に分析することによって，若年世代の女性の「生き方（ライフコース）」に向けられてきたまなざしを問い直し，新たな視点を提案することを目的としている。本章の分析は，これまで検討してきた大学生のキャリアにかかわる大学生活に関する分析にジェンダーの視点を加え，将来のライフコース展望に踏み込むもので，3章で示した分析概念図のThroughputとOutputの関連を「女性性」というジェンダー意識変数で分析するものである。

　高度経済成長期以降の女子の大学・短大進学率の上昇に伴い，教育社会学の領域においても，女子学生をターゲットにした研究がみられるようになり，とりわけ，女子学生のライフコース展望に注目した研究が蓄積されてきた（天野1986など）。また，1990年代以降，従来のジェンダー研究にみられたような，性別によって二分し，女性たちを男性に対する「女」というカテゴリとして一枚岩的に捉えて論じられてきたことに対する批判と反省から「女性内分化」といった視点が取り入れられ，多様化が進む現代の女性の現状を的確に捉えた研究が行われた（宮崎1992，吉原1995，中西1998など）。

　しかし，これらの研究の多くは，「高学歴女性」と呼ばれる比較的入学難易

度の高い四年制大学の女子学生を対象としたものが多く，分析の観点は学業達成とキャリア（ライフコース）との接続点に注目したものが中心となっている。それゆえ，高学歴女性予備軍ではなく，日本の女子大学生の大半を占める「ふつうの女子大生」のライフコース展望の分化のメカニズムに迫る視点が欠けており，近年における女子の進学率の上昇や入学する学部・学科の変容，就職形態や就職先の変化，ライフコース展望の多様化といった，女子学生をとりまく状況がめまぐるしい変化の中にあるにもかかわらず，新たな視点を投入する研究はなされていない現状にある。

　そこで，本章では，これまでの女子学生研究から残された課題に取り組むべく，これまでの「ジェンダーと教育」研究に多くみられた「高学歴女性」をターゲットとした「学業達成とキャリアとの接続」に向けられた視点からの転換を試み，エリート女性のみならず，幅広い層の女子学生を研究対象として，彼女たちのライフコース展望を実証的に分析する。とりわけ，これまで扱われることの少なかった入学難易度が平易な大学に通う女子学生や短大生，専門学校生の意識を浮き彫りにするべく，入学難易度による大学類型を作成し，類型間の意識の違いを分析する[1]。その際に投入する新たなジェンダーの視点として，学業達成やキャリアといった「業績性」と対立する意識として扱われてきた「女性性（＝女らしさ）」に注目する。

　以上を踏まえて，本研究における研究課題を，① 女子学生たちの「女性性」意識はどのような実態になっているのか，② 女子学生の「女性性」意識とライフコース展望との関係性はどのようなものなのか，の2点として分析を行う。さらに，その知見をもとに，現代の社会構造の中における女子学生，ひいては若年女性をとりまく問題点を考察する。

第2節　先行研究の検討
―女性内分化研究と「女性性」との関連

　ここでは，先行研究のレビューを通して，「女性内分化」という視点があら

われた経緯と，「女性内分化」が，「女性性」という概念と不可分であることを説明する。

　日本における1970年代のフェミニズムの隆盛と連動して，1980年代にかけて教育社会学領域においても「ジェンダーと教育」研究が発展した。とりわけ，女性のライフコースを扱った研究は，「学業達成と職業達成」との関係を分析する形で確立していった。中山慶子（1985）は，女性の場合，高い教育アスピレーションが，そのまま高い職業アスピレーションにはつながらないことを実証的に示した。そこには「結婚アスピレーション」が介在し，女性が後天的に性別役割観を作り出す「フェミニン・ソシアリゼーション（女性的であることへの社会化）」の結果であることを明らかにした。また，天野正子（1986）は，高等教育を受けた女性の労働市場における収益率の高さを明らかにし，高い学歴を身につけた女性エリートの形成チャンネルとしての高等教育の重要性を論じている。そして女子学生のライフコース展望の調査を通して，就職する意思はあるが，管理職，専門職志向の低い女子学生の職業意識を「意欲は高いが，現実感の乏しい」ものと分析している。天野の視点の中心は高学歴女性と労働市場との接続にあり，女性がいかに教育を通じて職業との接続において，男性よりも劣位に追いやられているのかを明らかにした1980年代を代表するジェンダー研究であるといえる。

　1990年代に入ると，このような「女性」を「男性」に対するひとつのカテゴリとして一枚岩的に捉える視点への批判から，女性の中の多様性に注目した「女性内分化」といった概念を使用した研究が現れてくる。中西祐子（1993,1998）は，女子の進路選択と職業達成の間にあり，ブラックボックスとなっていた学校内部のメカニズムに注目し，そこで醸成される性別役割観の相違によって振り分けられることで起こる進路分化を「ジェンダー・トラック」と名付けた。そして，女子の進路分化は男子学生とは異なり，学業達成のみでは説明できないとして，女子学生に特有の進路分化は「妻・母役割」と「職業的役割」という性別役割観の葛藤をくぐりぬけた結果，生まれるものであると説明している。さらに，女性内での進路の分化は，学校や大学のチャーターに大き

く依存し，さらに母親のライフコースの影響を受けることによって起こるということを明らかにした。この研究における中西の目的は「女子の学業達成が職業達成にダイレクトに結びつかない理由を明らかにする」ということであり，80年代の「女性の学業達成と職業達成」の流れを受け継ぎながら，女性内分化の視点を加えたものであるといえる。

　一方，女子の文化的な側面に注目した宮崎あゆみ（1992，1993）は，女子高における独特の生徒文化から浮かび上がる女子高校生たちの「女性性」への「適応」と「反抗」の過程を教室内の観察と生徒へのインタビューによって明らかにした。そして女子高校生たちの「女性内分化」は一枚岩的ではなく，多様な「女性性」との距離の取り方によって起こることを説明している。また，菊地栄治ほか（1993）によると，こうした「女性内分化」の要因としての「女性性」の表象には，女子学生が自らの主体的な選択の結果が表れているという。さらに，吉原（1995）は，ある共通のイメージとしての「女性性」は，女性をひとつのカテゴリとして「男性」に対する「女性」としてまとめあげる働きをもっているのと同時に，「女性」の内部では，個々の「女性性」の強弱によって将来のキャリア展望を分化させるものでもあるとしており，女子学生たちのキャリア分化は，こうしたメカニズムによる社会全体のジェンダー関係の反映物であると述べている。

　以上のように，「女性内分化」研究は，女性内の多様性を描き出したのと同時に，「女性性」という進路分化の要因を発見し，「ジェンダーと教育」研究領域に大きなインパクトを与えた。しかし，「女性性」という概念は，中西（1998）でも述べられているように，学業達成とは別の女性独特の進路分化メカニズムの要因として注目されたものであったため，「女性性」による女性内の水平的な分化を説明できてはいるが，学業達成といった垂直的な軸との関連性を視野に入れた分析が欠けている。

　そこで，本章においては，先行研究から残された課題に取り組むべく，「女性性」といった水平的な視点と「学業達成」といった垂直的な視点の双方から，女子学生のライフコース展望を分析し，現代の女子学生のライフコース展望の

ありようをより立体的に描き出していく。

第3節　「女性性」という視点の投入

1．「女性性」とは何か

　これまで述べてきた「女性内分化」と「女性性」に関する先行研究のレビューから見えてくるものは，「女性性」という概念が，女性たちの性別役割意識といった私的領域と職業選択といった公的領域の双方に関わりながら，彼女たちの進路や将来のライフコース展望の分化に影響を与えているということである。女子学生たちは自分自身がもつ「女性性」意識のあり方によって，多様に分化している。よって，「女性性」という概念は，女性の中の多様性を論じる際の有効なツールとなり得るものと考えられる。

　では，こうした「女性性」とは，いかなる概念なのであろうか。「女性性」概念は，女性たち自身の捉え方や表現の多様さも指摘されており（越智ほか1992），属性間，また個人間で異なるものである。それゆえに「女性性」は「女性内分化」の要因となるものであるといえる。このように，「女性性」という概念の構成要素は非常に複雑で多くの要素を含んでいるため，明確に定義することは困難である。先行研究を概観してみると，吉原惠子（1995）は，「女性性」を「一般に「女の子らしさ」「女性らしさ」といわれるものであり，「女」カテゴリに付与される社会的・文化的意味の総体」と定義している。本章においては，この吉原の定義を採用し，「女性性」を「女らしさの総体」として定義することとする。

2．「女性性」指標の設定

　こうした「女性性」の概念の多様性を前提としたうえで，本章においては，調査対象者が「女らしさ」をどのようなものと考えているかを，後述する質問紙調査において自由回答形式で問い，その記述内容から「女性性」の指標を設定する作業を行った。質問紙調査においては，先行研究などを参考に，あらか

じめ「女性性」を代表すると思われる設問を設定していた。この回答をそのまま「女性性」を示す指標として使用する方法もあるのだが，できる限り恣意性を排除し，女子学生の意識に近い「女性性」指標を設定するために，調査対象となる女子学生の「女性性」意識についての自由記述の分析を行った。

自由記述の設問は「あなたは自分自身の「女らしさ」を意識するのはどのようなときですか？自由に思うことを書いてください」というものである。記入のあった調査票は全体の7割程度であった。そのうちの女子学生の記述を取り出したところ，女子学生776人中460名（59.3％）の回答を確認することができた。そして，その記述の中に「女性性」（＝女らしさ）を表現しているキーワードを検索・抽出し，出現回数をカウントした。

その結果，「女性性」を表す概念として，「恋愛・異性」「メイク（化粧）」「フ

表4-1 自由記述から抽出した「女性性」キーワード

キーワード	出現数		グループ
異性	29	→	恋愛・異性（88）
好きな人	26		
彼氏・彼	13		
恋愛	10		
恋人	8		
気になる人	2		
化粧	38	→	ヘア・メイク（81）
メイク	28		
髪	14		
ヘア	1		
スカート	20	→	ファッション（54）
服装	15		
ファッション	14		
おしゃれ	5		
きれい	18	→	形容的表現（47）
かわいい	16		
やさしい	13		

（　）内の数字はキーワードの出現回数の合計

ァッション」といった，学生生活におけるメインカルチャーである勉学，サークル，部活動からみると，サブカルチャーとして位置づけられる要素に関するものが上位を占めた（表4-1）。女子学生たちは，恋愛やファッションといった，大学生活におけるサブカルチャー的な要素に強く「女性性」を意識しているものと思われる。

　サブカルチャーとは，「メインではなくても社会の中心，つまり人々の生活様式や行動様式の重要な構成要素にあるもの」（仲川 2002：19）であり，女子学生たちにとっても，生活や行動の様式を構成する重要な要素のひとつである。彼らにとってのサブカルチャーとは，大学生活におけるメインカルチャー，すなわち「学生の本分」であるところの学校での講義や勉強，学内における部やサークルなどの活動ではない，その他の周辺的な文化を指すものと考えられる。女子学生の場合，前述のような，メイクやファッションなども，こうしたサブカルチャーの範疇に入るであろう。

　そこで，以下では，このようなサブカルチャーの機能に注目し，① 恋愛に関する意識，② メイク（化粧）に関する意識，③ ファッションに関する意識の3つの項目を女子学生の「女性性」意識を表象する指標として使用し，分析を進めていくこととする。

3．戦略としての「女性性」

　J. Fiske によると，「女性性」には男性や社会に対して，支配されているように見せつつも，女性が主体的に演じ，自らを優位にする「戦略性」があるという（Fiske 1991=1998）。E. Goffman は，こうした相互行為を劇場での演劇になぞらえて，「社会」を舞台，「自己」を演技者，「相手」をオーディエンスとして位置づけ，相手に対する自己の印象を自分にとって好都合なように戦略的に操作することを「印象操作」と呼んだ（Goffman 1959=1974）。このように，相手にとっての好ましい「女性性」を演出するという性を演じるパフォーマンスは重要な印象操作となり，〈性〉役柄の存在を逆に利用してやろうという戦略的試みとなる（松田1998）。

こうした「女性性」の戦略性といった考え方は，日本の女子学生たちにも当てはまる。片瀬一男（1997）は，東北地方の女子大学生を対象としたアンケート調査を通じて，女子学生たちが就職活動に際して，自らの「女性性」を戦略的な資源としていることを明らかにしている。片瀬はとりわけ「美貌」に着目し，美貌を磨くことが，企業（＝社会）に対しての印象操作への戦略となると述べている。

　このように「女性性」は戦略的に利用することで，学業達成（学歴）と並ぶ社会的な資源となり得る概念であるといえる。そこで，本研究においては「女性性」概念の中でも，とりわけ，その「戦略性」に注目して分析・考察をしていく。

第4節　使用データと変数の設定

　分析には「女子学生調査」を用いる。女子学生のライフコース展望の分化について，「女性性」という水平的な視点に加えて，入学難易度という垂直的な視点を投入し，全体像の把握を目指した。

　なお，学業達成による比較を行うため，調査対象校を上位大学，中堅大学，資格系短大・専門学校といった3つの分析グループを作成した[2]。このうち，短大（1校）と専門学校（2校）に関しては，専攻が看護・福祉系で資格取得を目的としていることから「資格系」とした[3]。

　分析に際しては，第2節で検討したように，女子学生が「女性性」を意識している「恋愛」「メイク」「ファッション」に関する変数を用いることとする。

　恋愛に関する意識の変数としては「恋愛感情を持っている相手（恋人）の前ではどのような自分でいたいか」という質問項目を使用する[4]。表4-1に示したように，「女らしさ」に関する自由記述の分析においては，「やさしい」「かわいい」というキーワードが多くみられ，女子学生たちは，これらのキーワードを「女らしさ」をあらわすものとして使用しているものと思われる[5]。こうした理由から，「やさしい自分でいたい」「かわいい自分でいたい」と回答した

ものは「女性性」が強いと推測することが可能であると思われる。

メイクに関する意識の変数としては「メイクをしているか」という化粧行動の有無を聞いている設問を使用する。回答の選択肢は，「いつもしている」「たまにしている」「ほとんどしていない」「全くしていない」「その他」の5つを設けており，回答者にはそのうち最も当てはまるものを選択してもらう形式となっている。そこで，「いつもしている」「たまにしている」と回答したグループを「メイクをしている」グループとし，「ほとんどしていない」「全くしていない」と回答したグループを「メイクをしていない」グループとして分析した。

ファッションに関する意識の変数としては「ファッションに気を遣っているか」という質問項目を用いた。回答の選択肢としては「とても気を遣っている」「まあ気を遣っている」「あまり気を遣わない」「全く気を遣わない」「その他」の5つを設け，最も当てはまるものを選択してもらう形式となっている。そして「とても気を遣っている」「まあ気を遣っている」と回答したグループを「ファッションに気を遣っている」グループとし，「あまり気を遣わない」「全く気を遣わない」と回答したグループを「ファッションに気を遣わない」グループとした。

以上の意識変数を用いて，女子学生の「女性性」意識を検討する。

第5節　女子学生の「女性性」意識と　　　　ライフコース展望との関係の分析

1．女子学生の「女性性」意識

ここではまず，女子学生の「女性性」意識について，先に検討した3つの変数を使用して，大学類型間の特徴をみていく。

1）恋愛意識

まず，全体的に「好きな人の前ではどういう自分でいたいか」という問いに対しては，「女性性」を強く示していると思われる「かわいい自分でいたい」「や

さしい自分でいたい」と回答している割合が，他の項目と比べて高い傾向がみられている。現代の女子学生は，恋愛というシチュエーションにおいて，「女性性」を意識している様子がうかがわれる結果となっている。

次に，大学類型別にみていくと（表4-2），「かわいい自分でいたい」と回答している割合は，中堅大学（29.5％），上位大学（22.7％），資格系短大・専門学校（15.4％）となっており，中堅大学の女子学生が最も高くなっている。

一方，「やさしい自分でいたい」を選択している割合は，中堅大学（24.1％），資格系短大・専門学校（23.1％），上位大学（20.0％）となっている。中堅大学の女子学生は，恋愛意識において，他の上位大学や資格系短大・専門学校の女子学生よりも強く「女性性」を意識しているものと思われる。

また，相手との「対等さ」を求めているのは，資格系短大・専門学校が最も高く，「強い自分」「自分らしく」と回答する割合も同様の傾向がみられた。

表4-2 大学類型×恋愛に関する意識

（単位：％）

	かわいい自分	かっこいい自分	やさしい自分	知的な自分	強い自分	相手と対等な自分	相手はいない	自分らしくありたい	その他	合計	N
上位大学	22.7	1.9	20.0	**6.2**	1.2	20.8	16.9	7.3	3.1	100.0	260
中堅大学	**29.5**	1.1	24.1	2.0	1.7	19.2	10.9	9.7	1.7	100.0	349
資格系短・専	15.4	1.9	23.1	0.0	3.8	**26.3**	17.3	10.3	1.9	100.0	156
全体（合計）	24.3	1.6	22.5	3.0	2.0	21.2	14.2	9.0	2.2	100.0	765

χ 二乗検定：$p<0.01$

2） メイク，ファッションに関する意識

メイクに関する質問においては，全体では83.9％の女子学生が，通学時にメイクをしていると回答しており，女子学生にとってメイクをするということ

表4-3 大学類型×メイクに関する意識

（単位：％）

	メイクをしている	メイクをしていない	合計	N
上位大学	82.7	17.3	100.0	260
中堅大学	88.8	11.2	100.0	348
資格系短・専	75.0	25.0	100.0	156
全体（合計）	83.9	16.1	100.0	764

χ 二乗検定：$p<0.01$

が，当たり前であることがうかがわれる。大学類型別でみてみると，メイクをしていると回答した割合は，中堅大学（88.8%），上位大学（82.7%），資格系短大・専門学校（75.0%）となっている（表4-3）。

ファッションに関する意識としては，メイク同様，81.5%の女子学生が，通学時のファッションに「気を遣っている」と回答している。大学類型別では，ファッションに気を遣っている割合は，中堅大学（86.5%），上位大学（81.3%），資格系短大・専門学校（70.7%）となっている（表4-4）。

表4-4　大学類型×ファッションに関する意識

(単位：%)

	気を遣っている	気を遣っていない	合計	N
上位大学	81.3	18.7	100.0	257
中堅大学	86.5	13.5	100.0	347
資格系短・専	70.7	29.3	100.0	157
全体（合計）	81.5	18.5	100.0	761

χ二乗検定：$p<0.01$

以上の知見から，「女性性」意識に関する項目については，中堅大学の女子学生が最も「女性性」意識の強さを示す割合が高く，次いで上位大学，そして資格系短大・専門学校の女子学生が最も低いという傾向がみられた。

従来，メイクやファッションといった，サブカルチャーの要素の強い「女性性」には，学力の高くない女子のほうがコミットメントしやすく，学力の高い女子は，あまり興味を示さないというイメージが存在していた。しかし，今回の調査結果を見るかぎり，こうした従来から言われているような傾向には当てはまっていない。入学難易度の高い大学の女子学生もファッションやメイクに気を遣っている。むしろ，入学難易度の低い資格系の短大や専門学校生のほうに「女性性」意識が低い傾向がみられるという結果となった。

2.「女性性」意識とライフコース展望

では，これまで検討してきた女子学生たちの「女性性」意識と彼女たちの将来のライフコース展望の間にはどのような関係がみられるのだろうか。以下で

は「恋愛意識」「ファッションに関する意識」「メイクに関する意識」の3つの「女性性」意識変数を用いて、各々の項目ごとに、将来のライフコース展望との関連をクロス集計の結果から検討する。さらに、大学類型で統制した場合の結果を確認する。

女子学生たちの将来のライフコース展望については、「あなたは、将来どのような生き方をしたいですか」という質問項目を設定した。この質問には、「結婚して専業主婦になりたい」「結婚して主婦業をしながらパートで働きたい」「結婚して仕事(フルタイムの正社員)も頑張りたい」「結婚はせず、仕事に生きたい」「結婚はせず、自由に生きたい」「その他」の6つの選択肢を設け、最もあてはまるものをひとつ選択する形式となっている。

1) 恋愛意識とライフコース展望の関係

先に検討したように、この「恋愛意識」の項目の中で、「女性性」がとくに強く表されていると思われるのが「かわいい自分でありたい」と「やさしい自分でありたい」の2つである。そこで、ここでは対異性意識をあらわす8つの選択肢から「かわいい自分でいたい」もしくは「やさしい自分でいたい」のいずれかを選択したものを「女性性」が強い(「やさしい」もしくは「かわいい」選択」)グループとし、それ以外の選択肢(かっこいい、知的、強い、対等、恋愛感情を持っている相手はいない、自分らしく)を選択したものを「女性性」が弱い(「非選択」)グループとした(回答は「その他」を含む9つの選択肢からひとつ選択)。

表4-5に示したように、「かわいい」または「やさしい」を選択したグループでは、非選択グループよりも、将来のライフコースとして、「結婚+パート」を選択する割合が10ポイント以上高くなっている。「結婚+専業主婦」を選択する割合もやや高い傾向がみられる。一方、「結婚+正社員」を選択する割合は非選択グループのほうがやや高くなっている。また、非選択グループは「非結婚」を選択する割合も比較的高い傾向がみられる。

次に、大学類型別にみてみると、上位大学では、「かわいい」または「やさしい」を選択した女子学生は、非選択のグループに比べ「結婚+正社員」を将

表4-5　恋愛意識×将来のライフコース

(単位：%)

	将来のライフコース						合計	N
	結婚+ 専業主婦	結婚+ パート	結婚+ 正社員	非結婚 +仕事	非結婚 +自由	その他		
「かわいい」「やさしい」選択	16.0	24.4	52.8	0.6	2.0	4.2	100.0	356
その他の選択肢を選択	12.6	13.5	55.7	3.0	10.1	5.2	100.0	406
合計	14.2	18.6	54.3	1.8	6.3	4.7	100.0	762

χ二乗検定：p<0.01

表4-6　大学類型別・恋愛意識×将来のライフコース

(単位：%)

		将来のライフコース						合計	N
		結婚+ 専業主婦	結婚+ パート	結婚+ 正社員	非結婚 +仕事	非結婚 +自由	その他		
上位大学**	「かわいい」「やさしい」選択	13.6	13.6	67.3	0.0	1.8	3.6	100.0	110
	その他の選択肢を選択	10.7	6.0	57.7	5.4	11.4	8.7	100.0	149
中堅大学**	「かわいい」「やさしい」選択	18.8	29.0	45.7	0.5	2.2	3.8	100.0	186
	その他の選択肢を選択	14.2	15.4	58.6	1.9	7.4	2.5	100.0	162
資格系 短・専	「かわいい」「やさしい」選択	11.7	30.0	48.3	1.7	1.7	6.7	100.0	60
	その他の選択肢を選択	12.6	22.1	47.4	1.1	12.6	4.2	100.0	95

χ二乗検定：** p<0.01　無印 n.s.

来のライフコースとして選択する割合が高くなっている（表4-6）。また，「結婚+パート」を選択する割合も高い傾向がみられている。

　中堅大学の女子学生では，「かわいい」もしくは「やさしい」を選択したグループは，非選択のグループに比べて，「結婚+パート」を選択する割合が高い。こうした中堅大学の「女性性」の高い女子学生は，同様の傾向を示している上位大学の女子学生とは異なり，「結婚+正社員」を選択する割合が大幅に低くなっていることが注目される。

　資格系短大・専門学校の女子学生においてのみ，有意差がみられなかったが，

分布を見ると,「かわいい」または「やさしい」を選択した女子学生は,非選択の学生に比べて「結婚+パート」を選択する割合が高い傾向がみられている。

2) メイクに関する意識とライフコース展望の関係

「通学時にメイクをしている」と回答した女子学生においては,「メイクをしていない」と回答したグループと比較して,「結婚+パート」を希望するものの割合が13ポイントほど高くなっている(表4-7)。また,「結婚+専業主婦」に関しても同様の傾向がみられている。一方,「非結婚+自由」に関しては,「メイクをしている」女子学生よりも「していない」学生のほうが,希望する割合

表4-7 メイク意識×将来のライフコース

(単位:%)

	将来のライフコース						合計	N
	結婚+専業主婦	結婚+パート	結婚+正社員	非結婚+仕事	非結婚+自由	その他		
メイクをしている	14.9	21.2	54.6	1.4	3.8	4.1	100.0	637
メイクをしていない	9.8	8.2	51.6	3.3	19.7	7.4	100.0	122
合計	14.1	19.1	54.2	1.7	6.3	4.6	100.0	759

χ二乗検定:p<0.01
「メイクをしている」=「いつも」+「たまに」の合計
「メイクをしていない」=「ほとんど」+「まったく」の合計

表4-8 大学類型別・メイク意識×将来のライフコース

(単位:%)

		将来のライフコース						合計	N
		結婚+専業主婦	結婚+パート	結婚+正社員	非結婚+仕事	非結婚+自由	その他		
上位大学**	メイクをしている	13.1	10.3	63.1	2.8	4.7	6.1	100.0	214
	メイクをしていない	4.5	6.8	59.1	2.3	20.5	6.8	100.0	44
中堅大学**	メイクをしている	17.3	25.1	51.1	0.7	2.9	2.9	100.0	307
	メイクをしていない	12.8	10.3	48.7	5.1	17.9	5.1	100.0	39
資格系短・専**	メイクをしている	12.1	31.0	48.3	0.9	4.3	3.4	100.0	116
	メイクをしていない	12.8	7.7	46.2	2.6	20.5	10.3	100.0	39

χ二乗検定:** p<0.01
「メイクをしている」=「いつも」+「たまに」の合計
「メイクをしていない」=「ほとんど」+「まったく」の合計

が15％以上高くなっている。

次に，大学類型別にみてみると（表4-8），上位大学では「メイクをしている」と回答した女子学生は，「メイクをしていない」学生よりも「結婚＋専業主婦」を希望する割合が高くなっている。また，「結婚＋正社員」においても同様の傾向がみられている。一方，「非結婚＋自由」を希望するものでは，「メイクをしていない」女子学生のほうが「メイクをしている」学生よりも15.8ポイント増と大幅に高い割合を示している。

中堅大学においても，上位大学と同様に「メイクをしている」女子学生は「していない」と回答した女子学生より，「結婚＋専業主婦」を希望する割合が高くなっている。また，「結婚＋パート」を希望している割合も同様の傾向がみられている。「非結婚＋自由」に関しては，上位大学と同様，「メイクをしていない」と回答した女子学生のほうが希望している割合が高くなっている。

資格系短大・専門学校の女子学生についても，「メイクをしている」女子学生は「していない」学生よりも「結婚＋パート」を選択する割合が23.3ポイント増と大幅に高くなっている。「非結婚＋自由」に関しては，上位，中堅大学と同様，「メイクをしていない」女子学生の割合が，「している」女子学生よりも高い傾向がみられるが，その差は16.2ポイントとなっており，3つの大学類型の中で最も高くなっている。

3）ファッションに関する意識とライフコース展望の関係

「ファッションに気を遣っている」と回答した女子学生においては「結婚＋正社員」を将来のライフコース展望として選択する割合が「気を遣っていない」と回答したグループよりも13.4ポイント増と大幅に高い傾向がみられている（表4-9）。一方，「結婚＋専業主婦」に関しては，「ファッションに気を遣っている」女子学生よりも「気を遣っていない」女子学生のほうが高くなっている。また「非結婚＋自由」に関しても「気を遣っていない」グループのほうが，10.7ポイント多くなっている。

次に，大学類型別にみると（表4-10），上位大学の女子学生は，「ファッショ

表4-9　ファッション意識×将来のライフコース

(単位：%)

	将来のライフコース						合計	N
	結婚+ 専業主婦	結婚+ パート	結婚+ 正社員	非結婚 +仕事	非結婚 +自由	その他		
気を遣っている	13.1	19.4	56.6	1.3	4.4	5.2	100.0	617
気を遣っていない	18.7	18.0	43.2	2.9	15.1	2.2	100.0	139
合計	14.2	19.2	54.1	1.6	6.3	4.6	100.0	756

χ二乗検定：p<0.01
「(ファッションに)気を遣っている」=「とても」+「まあ」の合計
「気を遣っていない」=「あまり」+「まったく」の合計

表4-10　大学類型別・ファッション意識×将来のライフコース

(単位：%)

		将来のライフコース						合計	N
		結婚+ 専業主婦	結婚+ パート	結婚+ 正社員	非結婚 +仕事	非結婚 +自由	その他		
上位大学*	気を遣っている	9.6	9.6	65.9	2.4	5.3	7.2	100.0	208
	気を遣っていない	21.3	8.5	46.8	2.1	17.0	4.3	100.0	47
中堅大学	気を遣っている	16.1	23.7	52.5	0.7	4.0	3.0	100.0	299
	気を遣っていない	21.7	21.7	41.3	4.3	8.7	2.2	100.0	46
資格系 短・専*	気を遣っている	11.8	26.4	50.0	0.9	3.6	7.3	100.0	110
	気を遣っていない	13.0	23.9	41.3	2.2	19.6	0.0	100.0	46

χ二乗検定：* p<0.05　無印 n.s.
「(ファッションに)気を遣っている」=「とても」+「まあ」の合計
「気を遣っていない」=「あまり」+「まったく」の合計

ンに気を遣っている」女子学生が，「気を遣っていない」女子学生よりも，「結婚＋正社員」を選択する割合が，19.1ポイント増と大幅に高くなっている。それに対して「結婚＋専業主婦」を希望する女子学生は「ファッションに気を遣っていない」もののほうが11.7ポイントほど高くなっているのが注目される。また，「非結婚＋自由」を希望している女子学生についても「気を遣っていない」もののほうが「気を遣っている」ものよりも11.7ポイント高くなっている。

　中堅大学の女子学生においては，有意差はみられなかったが「ファッションに気を遣っている」女子学生のほうが「気を遣っていない」女子学生と比べて「結婚＋正社員」を希望する割合が11.2ポイントほど高くなっている。また上位大学と同様，「結婚＋専業主婦」を希望しているのは「ファッションに気を

遣っていない」女子学生のほうが高くなっている。

　資格系短大・専門学校の女子学生では，「ファッションに気を遣っている」女子学生のほうが「気を遣っていない」女子学生と比べて「結婚＋正社員」を希望する割合が高くなっている。また，同様に「結婚＋パート」を選択するものもやや高くなっている。逆に「非結婚＋自由」を選択している女子学生においては，「ファッションに気を遣っていない」学生のほうが「気を遣っている」ものよりも，16.0ポイントほど高くなっている。

　以上，「女性性」意識に関する3つの変数と女子学生の将来のライフコース展望との関連をみてきた。ここから明らかになった傾向として，「女性性」意識が高い女子学生のほうが，「女性性」意識が低い女子学生よりも「結婚＋正社員」および「結婚＋パート」といった結婚と仕事の両立を目指すライフコースを選択している割合が高いということである。この結果をみる限り，「女性性」意識とキャリア志向は対立関係にはないことがわかる。ここから，現代の女子学生たちにおいては，これまでの言説にあったように，「女性性」意識が高い女子学生が専業主婦を希望し，「女性性」意識が低い女子学生が職業重視のライフコースを志向するといった図式が崩れていることが示唆される。

　以上のように，「女性性」意識と女子学生のライフコース展望の関係は，「女性性」と職業志向の対立構図がみられないという，現代的な特徴を帯びながら分化している。さらに，このような女子学生の「女性性」意識は，入学難易度による大学類型の影響も受けている。彼女たちのライフコース展望は，大学類型といった業績主義的な垂直方向への力と「女性性」というジェンダー意識の水平方向への力の強弱によって，複雑に分化しているのである。

第6節　「女性性」によるライフコース展望の分化メカニズム

　以上の分析結果をふまえて，女子学生の「女性性」意識とライフコース展望との関係を3つの大学類型の特徴を中心にまとめる。

　まず，上位大学の女子学生の特徴であるが，「女性性」意識は中堅大学の女

子学生に次いで高い傾向がみられた。将来のライフコース展望に関しては,「結婚＋正社員」の希望の割合が最も多く,「女性性」意識の高いものにその傾向は倍加されている。上位大学の女子学生は,これまでのエリート女子学生に付与されていた,学力は高くて有能ではあるが,外見的な女らしさや家庭性に欠けるというイメージとは異なり,「女らしさも結婚も仕事も」という「才色兼備のキャリアウーマン」予備軍が多いという傾向が見受けられる。

次に中堅大学の女子学生は,3つの類型中,「女性性」意識が最も高い傾向がみられ,「女性性」を示すサブカルチャーに最もコミットしているものと考えられる。また,将来のライフコース展望に関しては,他の類型に比べて「専業主婦」希望が多く,「非結婚」の希望が少ない。また,中堅大学の「女性性」の高い女子学生に関しては「結婚＋パート」希望も多くみられている。中堅大学の女子学生に関しては,「伝統的」で「保守的」な傾向が見受けられた。

資格系短大・専門学校の女子学生は3つの大学類型中,最も「女性性」意識が低い傾向がみられた。他の類型の女子学生に比べて,ファッションやメイクにあまり気を遣わず,異性に対しては「対等な自分」でありたいと思っている割合が高い。将来意識に関しては,「結婚＋パート」希望の割合が,3つの類型の中において最も高く,「結婚＋正社員」希望の割合が低い。資格系短大・専門学校の女子学生は,「自由」「マイペース」といった傾向がみられた。

中堅大学と資格系短大・専門学校の女子学生に注目してみると,メイクやファッションに気を遣い,異性に対しても「かわいい」「やさしい」自分でありたいという中堅大学の女子学生と,メイクやファッションにあまり気を遣わず,異性に対しては,対等でいたいという資格系短大・専門学校の女子学生といったように,中堅大学と資格系短大・専門学校間では「女性性」意識に大きな差がみられた。そして,こうした「女性性」意識とライフコース展望との関係においては,全体的には「正社員で働きたいし,結婚もしたい」という女子学生が過半数を占めているが,中堅大学の女子学生は,比較的,専業主婦志向の傾向があり,結婚＋パートタイム勤務の希望も多い。資格系短大・専門学校の女子学生は,パートタイムでの勤務希望が3類型の中で最も多く,「自由に生き

たい」という希望も多い。

　上位大学と中堅大学，資格系・短大専門学校の間の比較を通じ，女子学生のライフコース展望は，入学難易度（＝学歴）と「女性性」といった社会的な資本によって分化していることが示唆される結果となった。現代の女子学生は，以前の時代のように「結婚か仕事か」という二者択一のライフコース展望をもつ傾向はみられないが，「女性性」といった水平的な要因と「業績性」といった垂直的な要因の強弱によって，女子学生たちは多様に分化しているものと思われる。

　以上の調査結果を踏まえたうえで，女子学生が表象する「女性性」が，社会で生きていくうえでの「戦略」であるという本章の枠組みから何が見えてくるのだろうか。

　「女性性」が学業達成といった「業績性」とともに，社会的な資源として機能し，それが社会を有利に生き抜くための「戦略」と考えると，「業績性」「女性性」の双方とも重視せず，「自由」「マイペース」を志向している資格系短大・専門学校の女子学生は，社会経済的に不利となる可能性が考えられる。一方で，上位大学の女子学生に関しては，「業績性」にプラスして「女性性」も身につけており，社会的に非常に有利になるものと考えられる。

　こうした資格系短大・専門学校の女子学生と似たような傾向をもつ階層集団について三浦展（2005）は，女らしさよりも自分らしさを求め，結婚による階層上昇も望まずに低階層にとどまりがちであり，社会的達成に有利な学歴も女性性も兼ね備えている女性集団との差が，今後ますます広がっていく可能性を示唆している[6]。

　このように，女性内分化の要因としての，主体的で戦略的な「女性性」の利用の仕方は，学業達成によって異なる傾向がある。今回の分析で明らかとなった近年の傾向としては，高い学業達成を手に入れた女子学生は「女性性」も身につけ，学業達成を手に入れなかった女子学生は「女性性」を重視せずに自分らしい自由な生き方を選択する傾向があるということである。それは結果として，社会における成功／不成功を左右することとなり，図らずも階層を再生産

することにつながっていく可能性が考えられる。すなわち，学歴の高い上位大学の女子学生は，社会・経済的により有利になり，学歴も「女性性」も低い資格系短大・専門学校の女子学生は，不利な位置に追い込まれるという「女性内格差」が生じるのである。女子学生たちは「女性性」に主体的にコミットメントしている。しかし，一方で「女性性」による若年女性の分化は，その「戦略性」ゆえに，女性間の格差を後押しする可能性があるのである。

　近年の日本は性別による男女の間の格差のみならず，収入や社会的地位による階層の二極化といった社会状況の影響が危惧されている。こうした階層化社会の影響は，女子学生の間にも確実に広がってきており，女性の間での階層間格差が広がる「女女格差」という言葉も生まれてきている状況である。本章の分析で得られた知見はそのことを示唆するようなものであった。今後は，こうした社会状況のもとに生きる女子学生の将来展望や実際の就職状況をもとに，女子学生の間における「格差」の実態を明らかにすることが急務であると思われる。また，ジェンダー意識によって，将来のライフコース展望が規定されるのであれば，「女性性（＝女らしさ）」に主体的にコミットメントするという現代の若年女性のもつジェンダー意識の傾向をどのように解釈するのかについても，さらに実証的な調査分析をもとに考察することが望まれる。

注：
1）「高等教育」という際には，文部科学省の高等教育機関の定義に従い，大学，短期大学，高等専門学校，専修学校を含んで考えている。
2）四年制大学と短大の入試難易度については，大手予備校である代々木ゼミナールが，独自のデータで算出している「大学合格者平均偏差値」をもとに，入学偏差値60以上を「上位大学」，59以下を「中堅大学」と設定した。
3）このグループは一般的な専門学校や短期大学を代表しているとは言い難い。しかし，入学難易度や在学期間，専攻などが，明らかに他の四年制大学とは異なるため，学業達成といった「垂直的」な分化を比較検討するといった研究目的上，十分にその役割を果たせると判断し，サンプルに加えることとした。
4）回答の選択肢としては「かわいい自分でいたい」「かっこいい自分でいたい」「やさしい自分でいたい」「知的な自分でいたい」「強い自分でいたい」「（相手と）対等な自分でいたい」「恋愛感情を持っている相手はいない」「自分らしくあり

たい」「その他」の9つを設けており，その中で最も当てはまるものを選択してもらっている。
5) 「どのようなときに女らしさを意識しますか」という質問に対する自由記述の分析においても，「かわいい」「きれい」「やさしい」といった形容詞的表現が多く見られている。
6) ただし，三浦（2005）の中の分析に用いられているデータは，サンプル数や方法などから精緻性に問題がある。あくまで，「傾向」として参考にしている。

第5章
伝統的なジェンダー観を支持する女子学生の特性

第1節　若年女性の保守化論の台頭

　前章では，女子学生たちのキャリア展望は，学業達成という軸以外に「女性性」という軸を戦略的に用いることによって，多様に分化している様子を明らかにした。一方で，近年，さまざまな社会調査によって，若い世代の女性の性別役割に対する意識が保守化しているという結果が取り沙汰されてきている。次章で詳細に論じるが，実はこの傾向は現代の女子学生においても確認できる。なぜ今，若年女性の意識が保守化しているのか，また，保守的＝伝統的なジェンダー観を支持する女子学生はどのような意識をもっているのだろうか。本章では，こうした若年女性の保守化が論じられていることをうけ，伝統的なジェンダー観を支持する女子学生の意識の分析をとおして，現代の若年女性の「保守性」の実態を検討する。

　1970年代から1980年代にかけて，日本においてもフェミニズムの思想が台頭し，十分に機能しなかった点もあったとはいえ，それ以前の時代と比べ，女性の社会進出の際の障壁も取り除かれていった。それに連動して，女性たち自身や社会全体の意識も男女平等の方向へと高まっていったといえるだろう。「性別役割」に代表される「ジェンダー関係」は，男女平等の方向へと変容を迫られつつあった（望月ほか 2005）。

　こうした動向は，教育の面においても同様である。90年代から現在まで，女性専用の進路といわれた短期大学への進学に代わって，女子の四年制大学へ

の進学率は上昇の一途をたどっている。女性が四年制大学に進学することは，もはや珍しいことではなくなり「大学大衆化」時代の到来を大きく後押しするかたちとなっている。

　従来，女性の高学歴化は，伝統的なジェンダー意識から女性たちを解放する方向へと導くものといわれてきた。実際，内閣府で行っている「男女共同参画社会に関する世論調査」においても，「夫は外で働き，妻は家庭」というような性別役割分業に代表される伝統的なジェンダー観を支持する女性の割合は，女性の高学歴化と比例するかたちで年々減少傾向にあった（尾嶋 2000）。しかし，2000年以降，女性の四年制大学進学率が継続的に上昇し続けているにもかかわらず，若年層の女性のジェンダー意識の保守化が指摘されはじめたのである（松田 2005，元治・片瀬 2008）。

　一般的に「伝統的」「保守的」なジェンダー観といった場合，「夫は外，妻は家庭」というような「男らしさ／女らしさ」を軸にした性別役割分業への賛否の度合いで判断されるケースが多い。女性の場合でいえば，「外で働く夫を支え，家庭で家事と育児をする妻」という役割である。こうした女性役割は，古くから「良妻賢母」という女子に対する規範性を帯びた思想として日本に定着しており，形を変えながら現代まで受け継がれてきた（深谷 1990，小山 1991 など）。よって，現在でも，一般的に「伝統的なジェンダー観を支持する女性」というと，「良妻賢母」に代表されるような，家庭性や母性をもった規範的でつつましやかなイメージが抱かれているものと考えられる。若年女性の間において，ジェンダー観の保守化といった現象が起こっているのだとすると，このような「良妻賢母」的なイメージに近い意識をもつ若い世代の女性が増えてきているということなのだろうか。また，前章の分析でも，女子学生の多くが，「女らしさ」の総体ともいえる「女性性」にコミットメントしていることが明らかとなり，現代の若い世代の女性は，男女平等社会が進む中で，伝統的なジェンダー観や「女らしさ」を支持するようになってきていることがうかがわれる。

　現在の若年女性たちは，1980年代に誕生している層であり，ジェンダーをめぐる思想やジェンダー関係の構造が最も目まぐるしく変化する中で教育を受

けて成長してきた世代である。現在もなお，ジェンダーをめぐっては，多くの議論がせめぎあっている。このような時代を生きる彼女たちのジェンダー意識を今一度，詳細に分析することは，未来の日本社会における女性の意識を予見することにもつながるといった点で，意義のあることと思われる。

そこで，本章では，女子の大学進学率上昇という教育社会背景と，「若年女性の保守化」という2つの今日的な流れを念頭に置き，大学大衆化時代の女子学生を事例に，とくに伝統的なジェンダー観を支持する層に注目して，その特徴を探っていく。

第2節 先行研究の検討 ──性別役割分業意識研究からの知見

女性を研究対象としたジェンダー意識の研究は，研究分野，研究方法とも多岐にわたるが，ここでは，主に，社会学，教育社会学領域における量的な分析を中心にみていく。とくに，性別役割分業意識研究と若年女性の保守化論に注目して検討する。

1．性別役割分業意識研究

ジェンダー意識の保革については，主に，「男性は外で働き，女性は家庭で家事・育児」といった性別役割分業意識を指標にして測定されてきた。とくに1985年にSSM調査の項目に性別役割分業意識を問う項目が入り，女性も調査対象となったことから，性別役割分業意識の規定要因の分析（尾嶋1998，山口1998，西村2001）や，形成要因の分析（吉川1998）など，数多く積み重ねられ，学歴，生年世代，職業年数や職業形態といった本人の属性や配偶者の地位などとの関連が報告されている。

高校生や女子大学生など，若年女性の性別役割分業意識をターゲットにした研究を見てみると，女子大学生のジェンダー意識（とりわけ性別役割観）を扱った研究においては，性別役割観が学力ランクよりも大学のチャーター[1]によって分化していることや（中西1998），ライフコース観や結婚観との関連の強さ

などが明らかにされている（中井 2000）。

　以上の性別役割分業意識に関する先行研究からは，本人の属性が性別役割分業意識への賛否に影響を及ぼしていること，また，女子学生においては通学している学校の文化的な側面も性別役割分業意識と関連していることが把握できる。

2．若年女性の保守化論

　一方，性別役割分業意識を時系列的に分析した研究からは，前述の「若年女性の保守化」が論じられている。松田茂樹（2005）は，1992年，1997年，2002年，2004年の4時点の性別役割分業意識の変化を性別・年代別で分析した。その結果，2002年までは，性別役割分業に賛成するものはどの年代でも減少傾向にあったが，2004年の調査においては，20代女性と30代女性で増加していることを明らかにしている。

　このような，若年層での性別役割分業意識の保守化傾向は，高校生においても確認されている。元治・片瀬（2008）は，1994年，1999年，2003年の3時点の仙台圏の高校生とその保護者に対する調査において，親世代では性別役割分業意識に対する肯定割合が減少し続けているのに対して，高校生では男女とも99年までの減少傾向から一転して，2003年度では微増傾向にあることを指摘している。

3．分析課題

　以上の先行研究を概観すると，性別役割分業意識研究においては，性別役割分業意識への賛否を決定づける要因や就業との関連に分析の焦点があてられていることが多く，また，ジェンダー意識の保守化論においても，性別役割分業意識についての賛否の時系列的な変化から保守化を論じるに留まっている。双方とも性別役割分業に賛成または反対している層の意識的特性を取り上げて論じるには至っていない。

　さらに付け加えるならば，女性の大学進学率の上昇といった教育社会背景との関連での議論もまだなされておらず，前述のように，女性全体の学歴の上昇

と性別役割分業意識の賛否の割合が、「高等教育による伝統的価値観からの解放」という従来から指摘されてきた点と矛盾する傾向がみられている点にも注目する必要があるだろう。

そこで、本章では先行研究から残された課題を検討するべく、まず、大学大衆化時代における女子学生のジェンダー意識の分布とその規定要因を確認する。そして、本章が最も明らかにするべき「伝統的なジェンダー観を支持している女子学生たちの意識や特性はどのようなものなのか」といった課題を明らかにしていく。

第3節　使用データと分析の枠組み

調査データは大学生文化研究会による大学生調査（2004年度版）を使用する。今回の分析においては、「大学大衆化時代特有の女子学生の意識を把握する」といった研究目的に合わせ、このうちの入学難易度が中〜低に分類される、比較的近年に設立された10大学592名の女子学生のデータを使用して分析を行った。調査対象校の内訳は、関東近県の私立大学7校（うち女子大1校）、関西の私立大学2校、中国地方の私立女子大1校となっている。

分析に使用する女子学生のジェンダー意識を示す質問項目としては、「女性は何か失敗しても「女だから」と許されるから得だ」「最終的に頼りになるのはやはり男性だ」「女性の幸福は結婚にあるのだから女性は結婚した方がいい」「夫は外で働き、妻は家庭を守るべきだ」の4つを使用する[2]。これらの設問は、すべて保守的・伝統的なジェンダー意識を含んだ指標といえるであろう。本研究においては、これらの4つの質問項目に対する回答傾向が類似していることを検証したうえでこれらの回答（賛否）を合計得点化し、「伝統的なジェンダー観」というひとつの変数として分析をする[3]。

分析モデルとしては、ジェンダー意識の規定要因を把握するため、大学生活における基本的な属性項目（学年、専攻、共・別学、入学方法、通学方法）に加えて、大学入学以前の高校時代についての項目（高校ランク、高校時代の活動）を

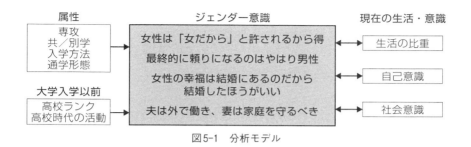

図5-1 分析モデル

独立変数とした(図5-1)。これらの項目は，時間的に調査時点よりも以前に関しての質問項目であることに加えて，岩田（1999a，1999b）や武内（2003）が指摘するように，大学時の学生文化と高校時代の文化との連続性を考慮したためである。この本章の分析モデルは，3章で示した分析概念図におけるⅠ(Input)からE(Environment)の関連にジェンダーの視点を加えた分析と位置づけることができる。

分析の手順としては以下のとおりである。

まず，①この4項目に対する女子学生たちのジェンダー意識の分布をクロス集計表で概観したうえで，②そのジェンダー意識を規定している要因と思われるいくつかの項目（専攻分野，共学／別学，入学方法，通学形態，出身高校の特質，高校時代の生活）で分析モデルを作成し，重回帰分析を行い，③ジェンダー意識，自己意識，社会意識に関する項目，現在の大学生活に関する項目との関連の分析を通じて，伝統的なジェンダー観を支持（／不支持）する女子学生の特性を検討する。

第4節　伝統的なジェンダー観の規定要因

1．女子学生のジェンダー意識

まず，それぞれの設問に対する回答を概観すると，全体的に4項目すべてに対して「全然そうでない」「あまりそうでない」と回答している割合が，「とて

表5-1　ジェンダー意識の分布（女子学生全体）

(単位：%　N=592)

	とてもそう思う	ややそう思う	あまりそう思わない	全然そう思わない	合計
女性は「女だから」と許されるから得	2.7	19.3	53.2	24.8	100.0
最終的に頼りになるのはやはり男性	3.4	25.2	51.9	19.6	100.0
女性の幸福は結婚にあるのだから結婚したほうがいい	4.4	25.2	48.6	21.8	100.0
夫は外で働き，妻は家庭を守るべき	1.5	9.0	48.3	41.2	100.0

もそう」「ややそう」と回答しているものよりも圧倒的に高く，女子学生の多くは比較的リベラルなジェンダー意識をもっている（表5-1）。

　なかでも，「女性は何か失敗しても「女だから」と許されるから得だ」「最終的に頼りになるのはやはり男性だ」「女性の幸福は結婚にあるのだから女性は結婚した方がいい」の各項目に関しては，約半数の女子学生が「あまりそうでない」と回答しており，弱い否定の態度を見せている。また，約2割が「全然そうでない」という強い否定の態度を見せている。一方，約2割の女子学生は「ややそう」という弱い肯定の態度を見せている。「とてもそう」という強い肯定をしている女子学生も少ないながら2〜4%ほど存在している。

　「夫は外で働き，妻は家庭を守るべきだ」に関しても，半数ほどの女子学生が弱い否定の態度を見せている。また，強い否定の態度を見せているものも約4割存在している。一方，弱い肯定の回答をしているものは1割弱と少なく，強い肯定の回答をしているものは1.5%である。性別役割分業意識を代表しているこの項目には，他の項目よりも否定的な態度をとる女子学生が多いといえる。

　次に，こうしたジェンダー意識を規定する要因を探っていこう。ここでは，重回帰分析を行う前に，学年，専攻分野，共学／別学，入学方法，通学形態，出身高校の特質，高校時代の生活といった各項目におけるジェンダー意識の分布をクロス集計表で確認したいと思う。

分析に先立って，ジェンダーに関する4つの設問に対する回答を合計得点化し，「伝統的ジェンダー観変数」を作成した。

　ジェンダー意識に関しては，前述のとおり，質問項目に「そうである」と回答するほど，伝統的なジェンダー観を支持しており，「そうでない」と回答するほど，伝統的なジェンダー観に対して否定的である。ここでは，ジェンダー意識に関する4つの質問項目の回答に対して，「とてもそう思う」を4点，「ややそう思う」を3点，「あまりそう思わない」を2点，「全然そう思わない」を1点というように得点化し，個々のサンプルに対して，それらの合計得点を算出した。この得点は，16点から4点の間に分布し，伝統的なジェンダー観を支持するほど高い得点となり，支持しないほど低い得点となる。

　今回のサンプルにおいては，中央値，最頻値ともに8点であった。そこで，中央値を基準とし，10～16点を「（伝統的ジェンダー観）支持層」，7～9点を「中間層」，4～6点を「非支持層」という3つのカテゴリを作成し，分析を行った。

　その結果，「支持層」20.6％，「中間層」55.5％，「非支持層」23.9％という分布であった。

1） 大学入学時と現在の属性との関係

　大学入学時の属性としては，分析モデルにある専攻，共学／別学，入学（入試）方法，通学形態の4項目に学年を参考として加えて検討した。ここで，統計的に有意であった項目は入学方法のみという結果であった[4]。一般入試で入学したものよりも，推薦入試で入学したものの方が，伝統的なジェンダー観を支持している割合が高い（表5-2）。また，統計的に有意ではないが，学年が上がるほど伝統的なジェンダー観に対して否定的な女子学生が増加する傾向がみられる。また，女子大よりも共学のほうが，伝統的なジェンダー観を支持している。通学方法に関しては，下宿している女子学生よりも，自宅から通っているほうが，伝統的なジェンダー観を支持している傾向がみられた。

　なお，女子学生の出身階層や家庭の環境の影響をみるため，「母親の最終学

表5-2 伝統的なジェンダー観（属性）

(単位：%)

		支持層 (10〜16点)	中間層 (7〜9点)	非支持層 (4〜6点)	合計	N	検定
学年	1年	22.7	55.2	22.1	100.0	172	
	2年	21.4	55.6	23.1	100.0	234	n.s.
	3年	18.4	58.8	22.8	100.0	114	
	4年	17.1	50.0	32.9	100.0	70	
専攻	人文社会	21.3	50.8	27.9	100.0	61	
	社会科学	21.8	53.4	24.8	100.0	262	n.s.
	教員養成	19.8	58.9	21.3	100.0	263	
	その他	0.0	40.0	60.0	100.0	5	
共・別学	共学	23.3	53.4	23.3	100.0	309	n.s.
	女子大	17.7	57.8	24.5	100.0	282	
入学方法	**一般入試**	**18.4**	**53.3**	**28.3**	**100.0**	**315**	**p<0.05**
	推薦など	**23.2**	**58.0**	**18.8**	**100.0**	**276**	
通学形態	自宅から	21.5	54.7	23.8	100.0	382	n.s.
	自宅外から	19.1	56.9	23.9	100.0	209	

検定：χ二乗検定

表5-3 母学歴・就業×伝統的なジェンダー観

(単位：%)

		支持層	中間層	非支持層	合計	N	検定
母学歴	大学・大学院	17.4	55.4	27.2	100.0	244	
	短大・高専	19.3	58.4	22.3	100.0	202	n.s.
	高卒以下	23.4	52.9	23.8	100.0	92	
母就業	非就業	20.7	55.4	23.9	100.0	213	
	常勤就業	20.2	58.5	21.3	100.0	258	n.s.
	パート就業	21.3	48.1	30.6	100.0	108	
	その他	20.0	70.0	10.0	100.0	10	

検定：χ二乗検定

歴」と「子どもの頃の母親の就業形態」についてもクロス集計表を作成したが，統計的に有意な差は得られなかった（表5-3）。

2） 大学入学前（高校時代）との関係

次に大学入学前の生活との関連をみていく（表5-4）。ここでは「出身高校の

表5-4 伝統的なジェンダー観（高校時代）

(単位：％)

		支持層	中間層	非支持層	合計	N
出身高校の特質	難関大学進学が多い	17.8	52.5	29.7	100.0	118
	ふつうの大学進学が多い	20.3	57.9	21.8	100.0	340
	短大・専門等進学が多い	29.1	50.0	20.9	100.0	86
	就職者が多い	17.4	60.9	21.7	100.0	23
	その他	12.5	43.8	43.8	100.0	16

χ二乗検定：n.s.

(単位：％)

		全体	支持層	中間層	非支持層	N	検定
高校時代の活動	部活動	73.3	72.1	73.1	75.0	589	n.s.
	受験勉強	58.7	58.2	59.4	57.6	586	n.s.
	髪型やファッション	53.0	61.5	52.8	46.0	587	$p<0.05$
	異性交際	42.6	62.0	38.2	36.2	584	$p<0.01$
	読書	39.5	35.2	39.3	43.9	587	n.s.
	アルバイト	32.0	41.8	29.4	29.5	587	$p<0.05$
	ボランティア	23.3	24.6	22.7	23.7	587	n.s.

検定：χ二乗検定
高校時代の活動：「かなりした＋まあした」

特質（進路選択の状況）」と「高校時代によくしていた活動」についての質問項目を使用する。

　出身高校の特質に関しては統計的に有意ではないが，伝統的なジェンダー観を支持している層においては「短大・専門学校」や「ふつうの大学」への進学が多い高校出身者が多い。一方，非支持層では比較的，難関大学への進学者が多い高校の出身者が多くなっている。

　高校時代の活動に関しては，「異性交際」と「髪型やファッション」「アルバイト」の項目に統計的に有意な差がみられた。伝統的なジェンダー観を支持する層ほど，高校時代に「異性交際」や「アルバイト」「髪型やファッション」といった活動に積極的であったようである。

2．伝統的なジェンダー観を規定する要因

　次に，先に検討した専攻分野，共学／別学，入学方法，通学形態といった属

性に関する項目と出身高校の特質，高校時代の活動といった大学入学前に関する項目でモデルを作成し，伝統的なジェンダー観を規定している要因について明らかにするべく，重回帰分析を行った (表5-5)。

その結果，モデルの決定値 (調整済み R 二乗) が0.053となり，決して説明力が強いとは言えないが，有意となっており，次のことが説明できる。学年，専攻分野，共学／別学，入学方法，通学形態，出身高校の特質といった属性に関する項目の影響はほとんどみられない。これは，本研究におけるデータが，同一の学力ランク集団で構成されているからであると思われる。そのため，先行研究で指摘されているような「学歴」の効果をみることはできない (吉川 1998，山口 1998 など)。

表5-5　伝統的なジェンダー観の規定要因 (重回帰分析)

	B	β
入学方法ダミー (一般入試 = 1/ それ以外 = 0)	−0.326	−0.077
通学方法ダミー (自宅 = 1/ それ以外 = 0)	0.034	0.008
専攻ダミー (社会)	0.127	0.030
専攻ダミー (教員養成)	0.307	0.072
共・別学ダミー (共学 = 1/ 女子大 = 0)	0.173	0.041
出身高校ランク	−0.127	−0.042
部活動をした (高校時代)	−0.076	−0.040
異性とつきあった (高校時代)	**0.293****	**0.136**
本をたくさん読んだ (高校時代)	−0.170	−0.070
受験勉強をした (高校時代)	0.021	0.008
アルバイトをした (高校時代)	0.165	0.081
ボランティア活動をした (高校時代)	−0.161	−0.069
髪型やファッションに気をつかった (高校時代)	**0.266****	**0.102**
定数	9.654**	
F 値	3.247**	
調整済み R^2	0.053	
N	528	

** $p<0.01$　　B は偏回帰係数，β は標準化回帰係数
従属変数：伝統的なジェンダー観得点 (高得点ほど支持)
※高校ランクは，1 = 難関大学への進学者多い，2 = 普通の大学への進学者多い，3 = 短大・専門学校への進学者多い，4 = 就職する人多い
※「高校時代の活動」は，以下のように得点化している。「かなりした」= 4点，「まあした」= 3点，「あまりしなかった」= 2点，「ぜんぜんしなかった」= 1点

ここで，影響がみられたのは，高校時代の活動である。「アルバイト」「異性交際」「髪型やファッションに気をつかった」といった学校外での活動（＝遊び文化）に積極的であったものほど，伝統的なジェンダー観を支持する傾向がみられる。今回のサンプルでは，高校時代にこうした遊び文化にコミットメントしていた女子学生ほど伝統的なジェンダー観を支持していることがわかる。

3．伝統的なジェンダー観を支持する層の分析

　それでは，伝統的なジェンダー観を支持している女子学生たちはどのような特性をもつ層であるといえるのであろうか。ここでは，ジェンダー観を独立変数とし，現在の生活における比重と自己意識，社会意識に関する項目の分析をとおして，伝統的なジェンダー観を支持している女子学生の特性を探っていきたいと思う。

　現在の生活の比重の項目では，「アルバイト」「友人との交友」の項目が統計的に有意であった。伝統的なジェンダー観を支持する女子学生は，現在の生活において，「アルバイト」に比重をおいている傾向がみられる。また，有意差はないものの，「異性恋人との交際」についても，非支持層や中間層よりも比重が高い。一方，「友人との交友」に関しては，非支持層や中間層よりも，比重が少ない（表5-6）。

　社会意識項目においては，「今後の日本は経済の発展よりも社会的に恵まれ

表5-6　伝統的なジェンダー観×現在の生活の比重

(単位：%)

		全体	支持層	中間層	非支持層	N	検定
生活の比重（現在）	友人との交友	**68.1**	**65.6**	**69.5**	**67.4**	591	**p<0.05**
	学業，勉強	52.9	46.7	55.4	52.5	590	n.s.
	趣味	45.1	42.6	45.2	46.8	588	n.s.
	アルバイト	**44.8**	**63.1**	**41.8**	**35.7**	590	**p<0.01**
	異性恋人との交際	29.8	37.2	31.2	20.6	589	n.s.
	サークル，部活動	21.3	18.0	22.3	21.6	588	n.s.
	ダブルスクール	4.2	4.1	4.1	4.3	579	n.s.

検定：χ二乗検定
生活の比重：「大部分＋かなり」の合計

ないものへの福祉に力を入れるべきだ」「基地や環境などの問題を決めるとき，住民より国が最終的な決定をすべきだ」「選挙で投票に行く」といった項目に有意な差がみられた。伝統的なジェンダー観を支持する層においては「経済の発展より福祉」「国が最終決定をすべき」といった意識をもっている割合が，非支持層や中間層と比べて高くなっている。しかし，「選挙で投票に行く」と回答する割合は低いといった傾向がみられる（表5-7）。

自己意識については，項目が多く，解釈が煩雑になるため，因子分析にかけたうえで分析を行った（表5-8）。因子分析の結果，3つの因子を取り出すことができた。第1因子は「自分が好きである」「毎日が充実している」「自分の将来に関して不安を感じる」「人に負けない得意な分野をもっている」といった項目で構成されている。このうち「自分の将来に関して不安を感じる」については，因子負荷量がマイナスであるため，解釈が逆となり「自分の将来に不安を感じない」と解釈する。この第1因子を「ポジティブ志向」と名づけた。第2因子は「努力より自由という言葉が好き」「働かずに生活できるのなら働きたくない」「不規則な生活も気にならない」「将来のことより現在を大切にしたい」から構成されており，「自由気まま志向」とした。第3因子は，「何事も自分で決めないと気がすまない」「自分が何になりたいのかを考えている」「人と

表5-7　伝統的なジェンダー観×社会意識

(単位：％)

		全体	支持層	中間層	非支持層	N	検定
社会意識項目	ゴミやカンを決められた場所に捨てている	92.4	90.9	94.5	88.7	590	n.s.
	経済や国の発展よりも福祉に力をいれるべき	74.8	79.2	76.7	66.7	587	p<0.05
	選挙で投票に行く	63.6	56.2	66.2	63.8	590	p<0.05
	住民より国が最終的な決定をすべき	11.2	18.2	8.0	12.8	589	p<0.05

検定：χ二乗検定
自己／社会意識：「とてもそう＋ややそう」の合計

表 5-8　因子分析表

	因子			共通性
	ポジティブ志向	自由気まま志向	自立独立志向	
自分が好きである	0.671	0.034	0.168	0.255
毎日が充実している	0.524	-0.112	0.051	0.185
自分の将来に関して不安を感じる	-0.502	0.027	0.067	0.169
人に負けない得意な分野をもっている	0.359	0.038	0.242	0.123
努力より自由という言葉が好き	0.020	0.558	-0.063	0.149
働かずに生活できるのなら働きたくない	-0.184	0.487	0.010	0.137
不規則な生活も気にならない	-0.052	0.413	0.127	0.095
将来のことより現在を大切にしたい	0.162	0.345	-0.141	0.091
何事も自分で決めないと気がすまない	0.118	0.065	0.482	0.086
自分が何になりたいのかを考えている	0.137	-0.136	0.273	0.075
人と一緒にいるより1人でいる方が好き	-0.207	0.010	0.261	0.057
固有値	1.245	0.876	0.509	1.421
寄与率（％）	11.3	8.0	4.6	23.9

因子抽出法：主因子法
回転法：バリマックス法

一緒にいるより1人でいる方が好き」といった項目で構成され，「自立独立志向」とした。

　伝統的なジェンダー観を支持する層は，「自分で決めないと気がすまない」「働きたくない」「努力より自由」といった「自由気まま志向」を構成している項目において，他の層よりも高い割合を示している（表5-9）。また，「何事も自分で決めないと気がすまない」という「自立独立志向」を構成している項目についても他の層よりも高い割合で「そう」と回答しており，伝統的なジェンダ

表5-9　伝統的なジェンダー観×自己意識

(単位：%)

因子		全体	支持層	中間層	非支持層	N	検定
ポジティブ志向	自分が好きである	45.4	39.3	47.7	45.4	590	n.s.
	毎日が充実している	57.0	54.9	58.5	55.3	591	n.s.
	自分の将来に関して不安を感じる ※1	87.4	88.5	87.8	85.1	591	n.s.
	人に負けない得意な分野をもっている	35.2	36.1	34.5	36.2	591	n.s.
自由気まま志向	努力より自由という言葉が好き	42.4	51.6	38.5	43.3	590	$p<0.01$
	働かずに生活できるのなら働きたくない	39.1	54.1	35.4	34.8	591	$p<0.01$
	不規則な生活も気にならない	42.2	41.0	40.1	48.2	590	$p<0.01$
	将来のことより現在を大切にしたい	43.3	49.2	43.7	37.1	589	$p<0.01$
自立独立志向	何事も自分で決めないと気がすまない	40.4	50.0	36.6	41.1	591	$p<0.05$
	自分が何になりたいのかを考えている	86.3	85.2	86.3	87.2	591	n.s.
	人と一緒にいるより1人でいる方が好き	44.2	45.9	40.2	51.8	591	n.s.

検定：χ二乗検定
自己／社会意識：「とてもそう＋ややそう」の合計

※　因子分析においては因子負荷量がマイナスであるため，ここでは「将来に関して不安を感じない」という解釈となる

ー観を支持する女子学生たちは，「自由気まま」「自立独立」といった傾向の自己意識をもっていることがわかる。

第5節　伝統的なジェンダー観を支持する女子学生の特性

　以上，現代の大学生のジェンダー意識を規定する要因を探り，伝統的なジェンダー観を支持する女子学生の傾向をデータから読み取ってきた。ここから言えることは以下のとおりである。

　まず，女子学生のジェンダー意識の全体的な特徴としては，伝統的で保守的

なジェンダー観に否定的な学生が大半を占めているということである。今回の調査におけるこの4つの項目の回答結果は，いずれの項目も伝統的なジェンダー観に対して否定的な方向に偏っている。現代の大学生たちは，全体的にリベラルなジェンダー観をもっているといえるだろう。しかし，伝統的なジェンダー観を支持している女子学生も依然として2～3割程度，存在している。

　そして，重回帰分析の結果，こうしたジェンダー観は，学年や専攻といった属性に関する項目ではなく，高校時代における「異性との交際」や「髪型やファッション」といった活動によって規定されているという結果が得られた。高校時代にこうした活動にコミットメントしていた女子学生ほど伝統的なジェンダー観を支持するといえる。大学入学以前の文化と大学入学後の文化との連続性は以前から指摘されてきたが（岩田1999a, 1999b，武内2003），今回の分析においては，高校時代にコミットしていた生徒文化の特性が，大学入学後のジェンダー観を規定していることが明らかとなった。

　伝統的なジェンダー観を支持している女子学生の特性としては，推薦入試など，一般入試以外の入試形態でもって大学に入学してくるものが多い。また，大学入学後は，「アルバイト」や「異性恋人との交際」などに生活の重点を置いている傾向があり，自己意識に関しては，「働きたくない」「努力より自由」といった「自由気まま志向」，「自分で決めないと気がすまない」という「自立独立志向」が強くみられた。

　入試形態とジェンダーとの関連性は，男子よりも女子の推薦入試選択率が高いことやその理由としての女子の浪人忌避と競争回避といった意識の存在，推薦入試経験者の家庭志向の強さといったライフコース展望との関連等，これまでも指摘されてきた点である（吉原1998, 濱嶋2002）。これは，本章においての伝統的なジェンダー観を支持する女子学生の努力回避や労働意欲の低さといった意識とも重なっている。

　社会意識に関しては「経済の発展よりも社会的に恵まれないものへの福祉に力を入れるべき」「基地や環境などの問題を決めるとき，住民より国が最終的な決定をすべきだ」という意識をもっているものの割合が非支持層や中間層よ

り高い。伝統的なジェンダー観を支持している女子学生は、弱者に対する福祉を求め、住民自治よりも国の決定を期待している。一方で、選挙に行かないものの割合も高くなっている。

　こうした結果から、伝統的なジェンダー観を支持する女子学生の特性をまとめてみると、がむしゃらに頑張ることをせず、自分の人生を自分で決める「自由気まま」で「自立独立」といった性質をもっている印象を受ける。社会意識に関しても、国の保護を期待しており、自ら積極的に政治に参加しようという意志はあまりみられない。高校時代、大学生活の双方において、恋愛やファッション、アルバイトといった遊び文化にコミットし、勉学や大学内における課外活動といった活動からは距離をおいた態度である。

第6節　現代社会における女子学生の「保守性」

　以上のように、伝統的なジェンダー観を支持している女子学生たちは、これまでの「保守的な女性」のイメージにあったような、慎ましやか、規範的、良妻賢母的といった性質を強くもっているわけではなく、一般的な保守的な女性像とは大きなイメージギャップが認められる。彼女たちの意識の特性から読み取れるのは、従来の規範性、保守性を受け継ぎつつも、「現状を変えることなどしないで、ラクに楽しく自分の思うように生きたい」ということである。つまり、彼女たちは、「現状維持」という保守性の一部分を、積極的に守るというのではなく、「このままでよい」ということで維持しているに過ぎない。伝統的なジェンダー観を支持する彼女たちの特性は、これまでの「保守的」「伝統的」が意味していたものとは異なる性質をもった「現代的な保守性」であるということができるだろう。

　では、伝統的なジェンダー観を支持する女子学生たちの「現代的な保守性」とは、どのような社会背景から生じてくるものなのだろうか。

　現代においては女性の社会進出も進み、卒業後はもちろん、結婚後も就業を継続することは珍しいことではなくなった。しかし、労働市場の入り口におけ

る就職活動には，女子であることで多くのハードルが存在する。ましてや，有名大学ではない大学に通う女子学生にとっての就職活動は，より厳しいものとなっているだろう。さらに，統計的にみると，いまだに日本における女性の労働力率は育児期に減少するというM字型カーブを示しており（元治・片瀬 2008：120），職業継続の壁は「育児期」というポイントにおいて残存している状況である。こうした社会状況の中において，職業を継続していくうえでの精神的・肉体的な負担はとても大きいものと予測される。現代の女子学生たちが，こうした状況のもとで，あえて苦労してまで就業継続の道を選択しないという考えに至ることも十分に考えられる。このような女性たちの意識は，夫に経済的な部分は支えてもらい，自分は収入を度外視した趣味的な仕事を楽しむという「新・専業主婦志向」といった傾向（厚生省1998，小倉2003）とも合致する。

　一見すると，女子学生たちの伝統的なジェンダー観への賛成と，「働かずにすむのなら働きたくない」「努力より自由という言葉が好き」といったような「自由気まま」さを求める性質とは相反するように思えるが，これも，未だに女性にとって「ガラスの天井」[5] が残存する社会を生き抜く，若年女性たちの戦略的なジェンダー意識なのかもしれない。

　ひとことに若年女性の保守化とはいっても，彼女たちのジェンダー観と自己意識との関係からは，これまでの認識とは異なった傾向がみられており，「保守性」の中身が変化していることがうかがわれる。2000年以降，顕著になった若年女性の「保守化」は，単なる伝統回帰的なものではないということである。とりわけ，近年の大学大衆化の流れの中で大学に入学してきた学生たちは，これまでの大学生とは異なった学生文化を作り出しており（武内2005），今後も大学進学率の上昇とともに，この傾向は続いていくことが予測される。女子学生のジェンダー意識に関しても同様のことがいえるだろう。単純に若年女性の「保守化」を論じるのではなく，教育や労働市場の変化といった社会状況と彼女たちの意識の変化との関係に，深く踏み込んでみる必要があるのではないだろうか。

　次章では，女子学生のキャリア意識とジェンダー意識の10年間の変化を追

いつつ，意識の変化に影響を及ぼしている背景と要因に迫ることとする。

注：
1）「チャーター」については3章を参照のこと。
2）ジェンダー意識を問う際によく使用されている「夫は外で働き，妻は家庭を守る」といった質問項目については，男女平等の考え方の普及のもと，それに反対することが「常識化」されているという意見がある（尾嶋 2000，長尾 2008）。よって，本章では，この質問を単独で使用することを避け，被験者の本音に近い意識を反映させるべく，ジェンダーの保革を測ることができる複数の変数を合成した変数を作成し，分析に用いた。
3）ここで使用するジェンダーに関する4つの質問項目の信頼性統計量を示すアルファ係数が0.7であったため，回答者のこれらの質問項目への回答傾向に一貫性があるとみなした。
4）本調査は，「日本における比較的近年に設立された中堅ランク以下の女子大学生」を母集団に想定はしているが，実際はランダムサンプリングを行っているわけではないため，統計的検定はあくまで分析の一助として参考までに記してある。
5）「ガラスの天井」とは，企業などの組織における女性の昇進や要職への登用を阻む見えない障壁のことである。

第6章
女子学生の家庭志向は高まっているのか

第1節 「失われた10年」を経た女子学生のライフコース展望

　本章においては，1997年，2003年，2007年の3時点にわたって行った大学生調査の分析を用いて，この10年間における女子学生たちのライフコース展望の変化を社会経済状況の変化を加味しながら，属性，過去の活動，現在の大学生活といった側面から，多角的に読み解いていく。

　本調査の行われた1997年から2007年までの10年間の日本の経済状況を概観すると，「失われた10年」と呼ばれた空前の不況を経て，景気の底であった2002年前後を境に景気が持ち直してきた時期にあたる。こうした社会経済の変化に伴い，調査対象者である女子学生たちは，2000年前後までの「氷河期」と呼ばれる就職難を経験し，その後の景気回復とともに，就職状況が持ち直すという，変動の大きな時期を過ごしてきたことになる（図6-1）。

　女性のライフコース展望を分析するに際しては，結婚，とりわけ出産というライフイベントを想定せざるを得ない[1]ため，性別役割分業といった家事育児にかかわるジェンダー意識との関係からアプローチされることが多かった。しかし，近年においては，大半の女子学生は，大学卒業後は職業に就くことを希望している。そのため，将来の結婚や出産といったイベントを含めたライフコース展望を考えるにあたっては，「就職」も重要な案件となっているものと考えられる。したがって，現代の女子学生のライフコース展望を分析するにあたっては，就職にかかわる社会経済状況の変化も加味する必要がある。

これまでも，若年女性のライフコース展望や性別役割分業意識の年次変化を追った研究はいくつかみられており，いずれも近年において，若年層の女性の家庭志向や性別役割分業の支持の増加といった「保守化」現象が報告されている（松田 2005，元治・片瀬 2008，山田 2009 など）。しかし，これらの研究は，景気後退期の中にある若年女性の意識の変化を追ったものであるため，こうした若年女性の「保守化」現象は，不況による堅実志向という解釈に回収されたままとなっており，「失われた10年」の後，経済や就職状況が好転へと向かっていく時期における若年女性の意識の変化を検討するには至っていない。

　そこで，本章では，不況期の1997年，不況の出口に当たる2003年，景気上昇の途にある2007年といった景気変動を表す象徴的な3時点のデータを用いて，女子学生のライフコース展望が10年間でどのように変化したのかを，社会経済状況といった構造的な側面と性別役割分業といった意識の側面の双方からアプローチしていく。

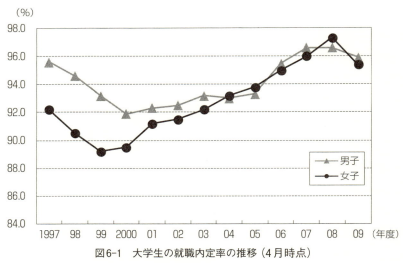

図6-1　大学生の就職内定率の推移（4月時点）

資料）文部科学省・厚生労働省「大学等卒業者の就職状況調査」より

第2節　先行研究と分析課題
　　　──ライフコース展望の変化と規定要因

1．ライフコース展望の年次変化の研究

　これまでも，若年女性を対象とし，ライフコース展望や性別役割分業意識の年次変化を追った研究はいくつかみられている。

　前章でもみたが，松田茂樹（2005）は，1997年，2002年，2004年の世論調査を用いて，性別役割分業意識（「夫は外で働き，妻は家庭を守るべき」）を支持する女性の割合が，全体では漸減傾向にあるのに対して，20代〜30代の若年女性層では微増傾向にあることを示し，「若年女性の保守化」傾向を指摘している。

　仙台圏の高校生を対象とした調査（元治・片瀬 2008）においては，1994年，1999年，2003年のデータを用いての比較から，2003年の調査において，男女ともに性別役割分業意識を肯定する回答が微増傾向にあることを示している。同様に，大阪，福岡で行われた高校生調査（友枝 2009）においても，2001年時点よりも2007年時点において，性別役割分業意識への賛成割合が増加していることが報告されている。

　また，長尾由希子（2008）は，パネル調査の手法を用いて，個人のライフコース展望の変化を追った分析を行い，女子においては高校卒業後3年間で漸進的に家庭志向に傾いており，とりわけ短大進学者と高卒就職者，母親が無職であったものに多くみられる傾向があることを明らかにしている。

　このように，近年における若年女性のライフコース展望やそれに関連するジェンダー意識の変化については，いずれの研究からも，家庭志向の増加や性別役割分業の支持の増加といった「保守化」現象が指摘されている。

2．ライフコース展望の規定要因の研究

　こうした若年女性のライフコース展望を規定する要因としては，これまでさまざまな視点から研究が積み重ねられている。

　中西祐子（1998）は，女子高校生と女子大学生を対象とした調査から，彼女

たちのライフコース展望には，母親の就労状況や学歴，所属している教育機関のチャーター（理念，特質，文化を含む学校・大学イメージ）といった要因が関与していることを明らかにしている。また，入学難易度といったアカデミックな要素の影響も一定程度確認されている。

　大学生に特化したデータからは，入試の方法や現役／浪人といった入学の際の手段によるライフコース展望の分化も明らかとなっている。入試の際に競争性の高い一般入試を経て入学した女子学生は，仕事中心のライフコースを望む割合が高く，競争性の低い推薦入試を選択した女子学生は，家庭志向の割合が高くなることが明らかとなっている（吉原 1998, 濱嶋 2002）。競走回避といった観点からは，浪人することを避けて現役で入学できる大学に進学する「浪人忌避」といった行動にも，同様のメカニズムが働いている。

　一方，意識の側面からでは，性別役割分業といったジェンダーに関わる意識の女性のライフコース展望への規定力の強さが明らかにされてきている。性別役割分業に賛成する者は家庭志向が強く，性別役割分業に否定的な者は仕事の継続を志向する割合が高いという一貫した傾向がみられている（吉原 1995, 中井 2000, 吉川 2001, 元治・片瀬 2008 など）。

3．社会経済状況がライフコース展望に与える影響

　女性のライフコース展望への規定要因として，もうひとつ重要と考えられるのが社会経済状況の影響である。

　景気と女性の労働との関連についてのデータや研究からは，働く意欲を測る労働力率の変化から，単身の若年女性においては，景気後退期の雇用機会の減少や失業率の上昇によって労働力率が低下する（＝就業意欲が減退する）という動きがあることが報告されている（樋口 1991, 労働省 1999, 厚生労働省 2008 など）。

　また，松田茂樹（2009）は，景気後退が人々の結婚・出産意欲に与える影響を分析し，経済に対する不安は，未婚者の結婚意欲を低下させ，既婚者が子どもを 2 人以上もつ意欲も低下させるということを明らかにしている。

　一方，社会状況の変容が人々のライフコースに及ぼす影響を，ある同年齢集

団（コーホート）が経験した社会的文化的状況の歴史時間軸から捉える視点を取り入れた研究もみられている（Elder 1974=1986, Clausen 1986=1987）。たとえば，G. H. Elder (1974=1986) は，アメリカにおける大恐慌がその後のライフコースに与える影響を，青年期に恐慌を経験したコーホートと幼少期に経験したコーホートとで比較している。その結果，幼少期に恐慌を経験したコーホートの方がより恐慌の影響を強く受けており，その後も希望をあまりもたず，自信のない傾向を示したという結果を示している。

このように，社会経済状況の影響は，人々の意識やライフコース選択に大きな影響を与えている。また，その影響は，現時点のみならず，それまでの人生を過ごしてきた社会の歴史的な文脈や社会的出来事を経験した時期（タイミング）によっても異なってくる。

4．分析課題

以上の先行研究を概観すると，これまでの若年女性のライフコース展望の変化を扱った研究は，主に1990年代半ばから2004年頃までのデータによるものが多く，不況の中にある意識の変化を分析・検討したものとなっている。そのため，「失われた10年」といった空前の大不況を乗り越えた後，経済や就職状況が「好転」へと向かっていく時期における若年女性の意識の変化を含んだ考察には至っていない。また，2004年以降のデータを扱った研究もわずかながらみられるが，性別役割分業意識の変化の提示に留まっている[2]。ライフコース展望を規定する要因についての分析においては，単時点における分析がほとんどであり，社会経済状況の変化を視野に入れた経年比較を詳細に行った研究成果は，筆者の管見する限りにおいてみられていない。

そこで，本章においては，先行研究から残された課題を解決するべく，1997年，2003年，2007年という経済状況の異なる3時点の大学生調査データを用いて，① 女子学生のライフコース展望は，この10年間でどのように変化したのか。また，社会経済の変化とどのように対応しているのだろうか，② 女子学生のライフコース展望を規定している要因は何か，また，その要因は

10年間でどのように変化しているのか，③（上記の結果を踏まえたうえで）現代の女子学生のライフコース展望と性別役割分業意識との関わりはどのようになっているのか，の3点の課題について，探索的に分析・検討する。また，前述したように，コーホートの経験する時代の効果を加味することも重要である。長期スパンで複数時点の調査結果を経年比較することで，社会経済の変化が若年女性の意識に与える影響がコーホートごとにどのように異なるのかを検討することができるものと考えられる。考察にあたっては，各調査時点の女子学生コーホートが経験した時代の特徴や時期も加味しながら議論する。

第3節　使用データと分析の枠組み

分析に使用するデータは，大学生文化研究会による大学生調査である。今回は，1997年，2003～2004年，2007年の3時点10年間にわたって行われた調査のうち，3回とも調査対象となり，一定のサンプル数も確保され，比較が可能な7大学のデータを使用して，3時点における経年比較を行うこととする（2003～2004年データにおいては，2003年データのみ使用）。

分析に使用する女子学生のライフコース展望に関しては，「あなた自身は将来についてどのように考えていますか」という質問項目を使用する（男子学生に対しては，「結婚相手の女性の生き方」の希望として質問している）。この質問に対しては，「仕事につき，一生働き続ける（仕事志向）」「結婚して，家事や子育てを主にした生活を送る（家庭志向）」「自分の趣味や好きなことに打ち込む（趣味志向）」「社会活動やボランティア活動に打ち込む（社会志向）」「結婚相手の事情や意向に合わせる（相手志向）」「その他」の6つの選択肢を用意し，その中から，ひとつを選択しての回答となっている[3]。第4章で検討したように，現代の女子学生には仕事と家庭の両立を目指すものも多く，決して二者択一のライフコース展望をもっているわけではないのだが，現代においては出産によって，両立か家庭かの選択を迫られる社会状況となっているため，最も重視したい生き方を問うことには一定の意義があると思われる。

女子学生のライフコース展望の規定要因と想定される変数としては，前述の先行研究において指摘されている「入学難易度」「親学歴」「入試形態」「浪人忌避」に加えて，「専攻」「通学形態」を設定した。「専攻」については，教員養成系などといった職業に直結する専攻分野もサンプルに含まれており，こうした職業直結の専攻に所属するものと教養主体の専攻に所属するものでは，ライフコース展望も異なるものとなってくる可能性が考えられるため変数として設定した。「通学形態」については，自宅外通学者に比べて，自宅通学者は，「家庭」との距離が近いことや，親の庇護下にあることから，親の価値観の影響を強く受ける傾向があるものと考えられるため，自宅通学者と自宅外通学者の間では，ライフコース展望が異なる可能性を考慮して設定した。

　また，今回の分析には「高校時代の活動」と「大学生活における比重」も変数として加えている。「高校時代の活動」については，ジェンダー意識やライフコース展望との関連がすでに指摘されている（吉原 1998，濱嶋 2002，谷田川 2009）。さらに現在の生活の影響を確認するため「大学生活の比重」も分析モデルに投入した[4]（図6-2）。

　なお，本章におけるこの分析モデルは，大学入学前，現在の活動が将来のライフコース展望に与える影響に注目しており，3章で示した分析概念図のⅠ（Input）－Ｅ（Environment）－Ｏ（Output）の全体にかかわる変数を用い，さらに時点による意識の変化といった時間軸を投入し，ジェンダーの視点から分

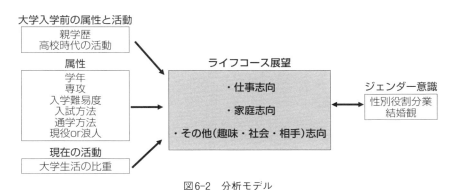

図6-2　分析モデル

析するものと位置づけられる。

　分析の手順としては，まず，1997年，2003年，2007年の3時点における女子学生のライフコース展望の回答の変化をクロス集計表の結果から概観する。次に，彼女たちのライフコース展望を規定していると思われる各項目で分析モデルを作成し，3時点での規定要因の変化を多項ロジスティック回帰分析で明らかにする。さらに，現在の女子学生のライフコース展望と性別役割分業意識の関係を軸に議論を行う。

第4節　女子大学生のライフコース展望の10年変化

1．男女別の分析

　まず，1997年から2007年までの10年にわたるライフコース展望の変化を男女別に確認すると，女子学生においては，1997年，2003年まではほぼ変化のなかった「仕事志向」が2007年には大きく減少している（図6-3・左）。それに反比例するように「家庭志向」は年次を追うごとに増加しており，とくに2007年調査においては，2003年調査より10ポイント上昇している。一方で，「趣味志向」については，継続的に減少傾向にあり，「社会志向」「相手志向」に関しては，この10年間で大きな変化はみられていない。

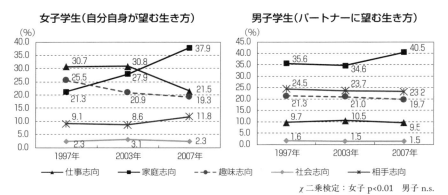

図6-3　ライフコース展望の3時点変化（男女別）

一方，男子学生が将来のパートナーに望むライフコースについては，2007年に「家庭志向」が増加しているほかは，この10年で目立った変化はみられなかった（図6-3・右）。
　この結果から，女子学生のライフコース展望が，この10年間で「仕事志向」から「家庭志向」へとシフトしたことがうかがわれる。とくに，2003年を境に2007年にかけての景気回復期にあたる4年間が，変化が最も顕著だった時期といえる。前述のように，若年女性において「家庭志向」や性別役割分業を支持する割合が漸増している現象は，他の調査データからも報告されていることを考え合わせると，この傾向は，本データ特有のものではなく，若年女性に特徴的な傾向と考えられる。

2．属性別（女子のみ）の分析

　ここからは，女子学生のみのデータで分析を進めていく。ここではまず，女子学生のライフコース展望の規定要因をみる前段階として，ライフコース展望を従属変数としたクロス集計表で，大学の入学難易度や学年，専攻分野など，基本的な属性項目との関連を調査時点による変化から確認していく。女子学生のライフコース展望における，この10年間の「仕事志向」の減少と「家庭志向」の増加といった変化は，これらの項目ごとに統制しても同様にみられる傾向なのだろうか。
　結果を表6-1に示した。全体的には，ほとんどの属性項目において，2003年と2007年の間に「仕事志向」が減少し，「家庭志向」が増加するという動きがみられている。クロス集計表で確認する限りでは，調査時点による変化が一貫して認められている。
　項目ごとに見てみると，学年別では下級学年（1-2年生），大学ランクでは「一般大学」において，この傾向が顕著である。大学における専攻分野別では，「人文社会系」と「社会科学系」においては，「仕事志向」の減少と「家庭志向」の増加といった傾向がみられている。しかし，「教員養成系」では，「仕事志向」が増加し，「家庭志向」は微増に留まっている。教員養成のような資格と

表6-1　属性項目×ライフコース展望（女子学生のみ）

(単位：%)

| | | 調査年度 | N | 将来について | | | | | | 合計 |
				一生働き続ける	結婚して家事育児	自分の好きなことを	社会活動やボランティア	相手の意向に合わせる	その他	
学年	1-2年 **	97年	393	29.5	24.7	25.4	1.3	8.4	10.7	100.0
		03年	685	31.5	27.7	20.7	3.2	7.4	9.3	100.0
		07年	610	**18.9**	**39.5**	20.2	2.8	11.3	7.4	100.0
	3-4年 **	97年	163	33.1	12.9	26.4	4.9	11.0	11.7	100.0
		03年	220	29.1	29.1	20.9	2.7	11.8	6.4	100.0
		07年	210	28.1	**33.8**	17.1	1.0	12.9	7.1	100.0
大学類型※	難関大学 **	97年	297	29.6	21.2	27.6	2.7	7.4	11.4	100.0
		03年	600	30.8	28.7	21.5	3.2	7.5	8.3	100.0
		07年	554	**20.0**	**38.3**	19.3	2.2	12.8	7.4	100.0
	中堅大学 n.s.	97年	138	37.7	26.1	18.1	1.4	9.4	7.2	100.0
		03年	159	27.7	28.9	18.9	2.5	6.9	15.1	100.0
		07年	154	28.6	**36.4**	16.9	1.9	8.4	7.8	100.0
	一般大学 **	97年	125	25.6	16.0	28.8	2.4	12.8	14.4	100.0
		03年	152	34.2	23.7	20.4	3.3	14.5	3.9	100.0
		07年	116	**19.0**	**37.9**	22.4	3.4	11.2	6.0	100.0
専攻	人文社会系 n.s.	97年	149	30.2	18.1	27.5	2.0	10.1	12.1	100.0
		03年	359	28.7	25.6	24.0	3.6	10.3	7.8	100.0
		07年	214	23.4	**36.4**	21.5	0.9	10.7	7.0	100.0
	社会科学系 **	97年	226	29.2	19.9	27.7	2.2	9.3	11.5	100.0
		03年	352	33.2	29.0	20.2	3.1	7.1	7.4	100.0
		07年	329	**14.6**	**42.9**	20.1	2.1	13.4	7.0	100.0
	教員養成系 n.s.	97年	162	35.8	25.3	19.8	2.5	9.3	7.4	100.0
		03年	146	28.1	28.8	18.5	2.1	7.5	15.1	100.0
		07年	26	38.5	30.8	15.4	3.8	11.5	0.0	100.0
	その他 *	97年	22	13.6	27.3	27.3	4.5	0.0	27.3	100.0
		03年	48	33.3	35.4	12.5	2.1	8.3	8.3	100.0
		07年	248	**26.6**	34.3	16.5	3.6	10.5	8.5	100.0
入試方法	一般入試 **	97年	381	33.1	19.9	26.8	1.6	9.4	9.2	100.0
		03年	560	30.5	26.6	22.5	3.2	8.0	9.1	100.0
		07年	503	**23.7**	**38.4**	20.1	1.2	10.7	6.0	100.0
	推薦など **	97年	179	25.7	24.0	22.9	3.9	8.4	15.1	100.0
		03年	349	31.2	30.1	18.3	2.9	9.2	8.3	100.0
		07年	317	**18.0**	**37.5**	17.7	4.1	13.6	9.1	100.0
通学方法	自宅 **	97年	322	28.9	21.1	27.0	2.8	9.6	10.6	100.0
		03年	580	27.4	28.6	21.7	3.6	9.3	9.3	100.0
		07年	521	**19.4**	**37.6**	20.3	3.1	10.7	8.8	100.0
	自宅以外 **	97年	238	33.2	21.4	23.5	1.7	8.4	11.8	100.0
		03年	331	36.9	26.6	19.3	2.1	7.3	7.9	100.0
		07年	301	**24.9**	**38.5**	17.3	1.0	13.6	4.7	100.0
現役or浪人	現役 **	97年	462	29.7	23.6	24.9	2.6	8.9	10.3	100.0
		03年	789	31.4	28.0	20.8	2.5	9.1	8.1	100.0
		07年	699	**20.3**	**39.2**	19.3	2.0	12.4	6.7	100.0
	浪人 **	97年	79	40.5	8.9	26.6	1.3	8.9	13.9	100.0
		03年	92	25.0	29.3	21.7	7.6	4.3	12.0	100.0
		07年	96	25.0	**38.5**	18.8	2.1	8.3	7.3	100.0
父学歴	四大卒以上 **	97年	304	29.6	25.0	23.0	2.3	7.9	12.2	100.0
		03年	570	30.9	27.9	21.2	3.2	8.2	8.6	100.0
		07年	524	**21.4**	**36.8**	19.5	2.3	12.8	7.3	100.0
	四大卒以外 **	97年	230	33.0	17.0	27.0	2.2	10.4	10.4	100.0
		03年	276	30.8	28.6	22.1	1.8	9.4	7.2	100.0
		07年	243	**22.6**	**40.3**	18.9	2.1	10.3	5.8	100.0
母学歴	四大卒以上 *	97年	117	38.5	19.7	20.5	2.6	7.7	11.1	100.0
		03年	270	31.1	26.7	22.6	3.3	10.4	5.9	100.0
		07年	281	**23.5**	**32.7**	19.6	3.2	13.2	7.8	100.0
	四大卒以外 **	97年	420	29.3	21.9	26.4	2.1	9.3	11.0	100.0
		03年	580	30.9	29.0	20.7	2.4	9.7	9.8	100.0
		07年	490	**20.2**	**41.4**	18.8	1.6	11.4	6.5	100.0

検定：χ二乗検定　　** p <0.01　* p <0.05
※大学類型は代々木ゼミナール2009年度の入学難易度（偏差値）による。
　難関大学：60以上，中堅大学：59〜50，一般大学：49以下

直結している専攻の女子学生は，やはり，将来は仕事を継続する意識が強いものと思われる。また，入試方法においては「推薦入学」によって大学に入学，通学方法では「自宅以外」から通学している女子学生の「仕事志向」の減少が著しい。現役入学か浪人かといった項目においては，現役入学では2003年と2007年の間に，浪人経験者においては1997年と2003年の間に「仕事志向」の減少と「家庭志向」の上昇が起こっている。両親の学歴別で確認しても，一貫して「仕事志向」の減少と「家庭志向」の増加といった傾向がみられている。

クロス分析の結果からは，属性項目で統制しても，2003年と2007年の間において，女子学生のライフコース展望の「仕事志向」から「家庭志向」へのシフトが起こっており，こうした動向は調査時点の影響が大きいということが確認できる。

第5節　女子学生のライフコース展望の規定要因の変化

1．ライフコース展望の規定要因

では，女子学生たちのライフコース展望は，どのような要因によって規定されているのだろうか。ここでは，多変量解析のひとつである多項ロジスティック回帰分析[5]を用いて，まず，従属変数に調査年を含めたモデルでライフコース展望の規定要因の分析を行う。続いて調査年ごとに分析を行い，各調査年におけるライフコース展望の規定要因を探り，調査年間で比較することを通して，女子学生のライフコース展望を規定している要因の変化を確認していく（表6-2）。

分析にあたっては，調査年間の変化が主に「仕事志向」と「家庭志向」を中心に起こっていることから，従属変数となる女子学生のライフコース展望の6つのカテゴリをグループ化し直し，「仕事志向」「家庭志向」以外の「趣味志向」「社会志向」「相手志向」を集約して「その他（趣味・社会・相手）志向」とした。独立変数には，前節で確認した属性項目に加え，過去（高校時代）の経験と現在の生活の比重に関する変数を設定した。従属変数の参照カテゴリは「仕事志向」とする。この場合の解釈は，参照カテゴリである「仕事志向」と比較

表6-2 ライフコース展望の規定要因（多項ロジスティック回帰分析）

		家庭志向		その他（趣味・社会・相手）志向	
		B	Exp (B)	B	Exp (B)
調査年	2003年	**0.293***	1.340	-0.154	0.857
(v.s.1997年)	2007年	**1.028****	2.796	**0.340***	1.405
属性	学年	-0.111	0.895	-0.048	0.953
	専攻（社会科学）v.s. 人文社会	0.148	1.159	-0.120	0.887
	専攻（教員養成）v.s. 人文社会	0.155	1.168	-0.103	0.902
	専攻（その他）v.s. 人文社会	-0.218	0.804	**-0.392***	0.676
	入学難易度	-0.067	0.935	0.035	1.035
	入試方法（1＝一般入試，0＝推薦など）	**-0.399****	0.671	**-0.241***	0.786
	通学方法（1＝自宅，0＝下宿など）	**0.322****	1.380	**0.445****	1.560
	現役or浪人（1＝現役，0＝浪人）	0.064	1.066	-0.031	0.969
親学歴	父学歴	0.097	1.102	0.032	1.033
	母学歴	**-0.164***	0.849	-0.060	0.942
過去の経験	部活動をした	0.046	1.047	0.012	1.012
（高校時代）	異性とつきあった	0.024	1.024	-0.060	0.942
	読書をした	**-0.208****	0.812	-0.103	0.902
	受験勉強をした	0.110	1.116	-0.050	0.951
	アルバイトをした	-0.028	0.973	-0.010	0.990
	ボランティアをした	0.031	1.031	**-0.129***	0.879
現在の生活比重	学業，勉強	**-0.221****	0.801	**-0.140***	0.869
	ダブルスクール	**-0.862****	0.422	**-0.302****	0.739
	サークル，部活動	-0.018	0.983	0.019	1.019
	アルバイト	0.014	1.014	-0.081	0.923
	趣味	0.017	1.017	**0.329****	1.389
	友人との交友	**0.161***	1.175	-0.040	0.961
	異性恋人との交際	**0.162****	1.176	**0.156****	1.169
切片		0.675		1.096*	
χ二乗値		209.137***			
自由度		50			
Cox & Snell R^2		0.102			
Nagelkerke R^2		0.116			
N		1934			

***p<0.01　**p<0.05　*p<0.1
従属変数（参照カテゴリ：仕事志向）
「学年」1＝1年生，2＝2年生，3＝3年生，4＝4年生
「入学難易度」1＝Cランク，2＝Bランク，3＝Aランク
「親学歴」1＝「高卒まで」，2＝「短大，高専」，3＝「大卒以上」
「過去の経験」1＝「ぜんぜんしなかった」，2＝「あまりしなかった」，3＝「まあした」，4＝「かなりした」
「現在の生活比重」1＝「ほとんどなし」，2＝「少し」，3＝「かなり」，4＝「大部分」

して「家庭志向」や「その他志向」とのペアで，「家庭志向」「その他志向」になる確率をみる。なお，以下では「仕事志向」と「家庭志向」を中心に記述を

していく。

　「家庭志向」の規定要因をみてみると，調査年が2003年，2007年であることが「仕事志向」に比べて「家庭志向」になりやすい要因となっている。とりわけ2007年では，係数もプラスの方向に高い値を示しており，2007年という時点の影響は大きいと思われる。属性項目では，推薦入試を利用して入学[6]，自宅通学をしている女子学生のほうが「仕事志向」に比べて「家庭志向」となりやすい。また，高校時代と現在の生活比重の項目では，高校時代に「読書」をしていない，現在の大学生活において「異性交際」の比重が高い，「学業，勉強」や「ダブルスクール」をしていない女子学生のほうが「家庭志向」となりやすい。

　以上のように，時点の影響は多変量解析によっても確認され，2007年という時点において，「家庭志向」となりやすいということが改めて明らかとなった。また，入試方法や通学方法，過去や現在の生活に関する項目の影響もみられており，これらが「仕事志向」と比べた際に「家庭志向」となる確率が高くなる要因となっている。

2．ライフコース展望の規定要因の変化

　続いて，女子学生のライフコース展望の規定要因が，1997年，2003年，2007年の3時点でどのように変化しているのかを確認する。ここでは，年次ごとのデータで表6-2と同様，女子学生のライフコース展望を従属変数とする多項ロジスティック回帰分析を行った（参照カテゴリは「仕事志向」）。

　「家庭志向」を規定する要因としては，1997年調査においては，学年が低いほど，現役で入学しているほど，高校時代に「読書」しなかったほど，大学生活において「ダブルスクール」をしていないほど，「仕事志向」に比べて「家庭志向」になりやすいという結果となっている（表6-3）。2003年調査では，自宅通学であること，高校時代に「受験勉強」をしたほど，しかし，大学生活においては「学業，勉強」や「ダブルスクール」をしていないほど，「仕事志向」に比べて「家庭志向」になる確率が高くなっている。2007年調査においては，

表6-3 年度別・ライフコース展望の規定要因（多項ロジスティック回帰分析）

		1997年				2003年				2007年			
		家庭志向		その他志向		家庭志向		その他志向		家庭志向		その他志向	
		B	Exp (B)	B	Exp (B)	B	Exp (B)	B	Exp (B)	B	Exp (B)	B	Exp (B)
属性	学年	-0.543**	0.581	0.006	1.006	0.142	1.152	0.118	1.126	-0.304**	0.738	-0.233*	0.792
	専攻(社会科学) vs. 人文社会	0.531	1.701	-0.142	0.868	-0.147	0.864	-0.554**	0.575	0.676**	1.966	0.513	1.670
	専攻(教員養成) vs. 人文社会	-0.033	0.967	-0.416	0.659	0.532	1.703	0.251	1.285	-0.601	0.548	-1.322*	0.267
	専攻(その他) vs. 人文社会	0.572	1.772	0.618	1.855	0.006	1.006	-0.794*	0.452	-0.216	0.805	-0.165	0.848
	入学難易度	-0.021	0.979	0.057	1.059	-0.172	0.842	-0.021	0.980	0.067	1.069	0.114	1.121
	入試方法 (1=一般入試, 0=推薦など)	-0.350	0.705	0.031	1.031	-0.438	0.645	-0.126	0.882	-0.594**	0.552	-0.649**	0.522
	通学方法 (1=自宅, 0=下宿など)	0.293	1.340	0.273	1.314	0.577***	1.780	0.631***	1.880	0.087	1.091	0.346	1.413
	現役or浪人 (1=現役, 0=浪人)	1.469**	4.347	0.236	1.266	-0.408	0.665	-0.289	0.749	-0.143	0.867	0.129	1.137
親学歴	父学歴	0.342*	1.408	0.128	1.137	-0.001	0.999	-0.069	0.933	0.083	1.086	0.076	1.079
	母学歴	-0.300	0.741	-0.288*	0.750	-0.081	0.923	0.063	1.065	-0.220	0.803	-0.037	0.964
過去の経験 (高校時代)	部活動をした	-0.028	0.973	-0.068	0.934	0.141	1.151	-0.037	0.963	-0.008	0.992	0.075	1.078
	異性とつきあった	0.002	1.002	0.097	1.102	0.153	1.165	0.086	1.090	-0.158	0.854	-0.364***	0.695
	読書をした	-0.419**	0.657	-0.198	0.820	-0.062	0.940	-0.103	0.902	-0.317**	0.728	-0.130	0.878
	受験勉強をした	-0.061	0.941	-0.185	0.831	0.215*	1.239	0.017	1.017	0.130	1.138	0.010	1.010
	アルバイトをした	-0.096	0.908	0.011	1.011	0.003	1.003	-0.085	0.918	-0.045	0.956	0.014	1.014
	ボランティアをした	0.153	1.166	-0.017	0.983	0.018	1.018	-0.191*	0.826	-0.024	0.976	-0.157	0.855
現在の生活比重	学業, 勉強	-0.179	0.836	-0.114	0.893	-0.230*	0.795	-0.185	0.831	-0.229	0.795	-0.073	0.930
	ダブルスクール	-1.457***	0.233	-0.171	0.843	-0.712***	0.491	-0.307*	0.735	-0.924***	0.397	-0.500*	0.606
	サークル, 部活動	-0.029	0.972	-0.046	0.955	0.041	1.042	0.041	1.042	-0.063	0.939	0.092	1.096
	アルバイト	0.062	1.064	-0.026	0.974	-0.011	0.989	-0.127	0.881	0.064	1.066	-0.018	0.982
	趣味	0.110	1.117	0.686***	1.985	-0.133	0.875	0.120	1.127	0.151	1.163	0.393***	1.482
	友人との交友	-0.258	0.773	-0.118	0.889	0.156	1.169	0.154	1.167	0.349**	1.418	-0.213	0.808
	異性恋人との交際	0.184	1.201	0.100	1.106	0.053	1.055	0.082	1.086	0.387***	1.473	0.380***	1.462
切片		2.268		0.475		0.195		1.006		1.989		1.421	
χ二乗値		98.432***				76.755***				106.318***			
自由度		46				46				46			
Cox & Snell R²		0.183				0.094				0.147			
Nagelkerke R²		0.208				0.106				0.167			
N		488				778				668			

***p<0.01 **p<0.05 *p<0.1
従属変数（参照カテゴリ：仕事志向）
「学年」1 = 1年生，2 = 2年生，3 = 3年生，4 = 4年生
「入学難易度」1 = Cランク，2 = Bランク，3 = Aランク
「親学歴」1 = 「高卒まで」，2 = 「短大，高専」，3 = 「大卒以上」
「過去の経験」1 = 「ぜんぜんしなかった」，2 = 「あまりしなかった」，3 = 「まぁした」，4 = 「かなりした」
「現在の生活比重」1 = 「ほとんどなし」，2 = 「少し」，3 = 「かなり」，4 = 「大部分」

学年が低い，推薦入試で入学した，高校時代に「読書」をしなかった，大学生活において「ダブルスクール」をしていない女子学生ほど「家庭志向」になりやすいという結果となっている[7]。

　規定要因の変化を概観すると，1997年，2003年においては，自宅通学，推

薦入試利用での大学進学といったような女子の進学行動に特徴的である項目が有意な効果をもっている。また,「読書」経験が少なかったり,「学業」「ダブルスクール」といった就職に有利となる知識や技術を身につけることから距離を置いていたりするといった特徴が見受けられる。2007年になると,それらの要因に加えて,「友人との交友」や「異性交際」に大学生活の重心を置いていることが「家庭志向」になりやすい傾向を示している。また,「社会科学系」の専攻分野であることも「家庭志向」になる確率を高めている。1997年,2003年に比べ,2007年調査においては,社交的で恋愛にも積極的な女子学生が「仕事志向」よりも「家庭志向」になりやすくなっている。

　今回の分析においては,「親の学歴」は,女子学生のライフコース展望にあまり大きな影響を与えていないことにも注目できる。1997年データの「その他志向」においては弱いながらも母親の学歴の効果が確認されるが,2003年以降は父親,母親の学歴のいずれも有意な効果はみられない。また,入学難易度についても同様のことがいえる。女子学生のライフコース展望は,親の学歴や入学難易度といった属性よりもむしろ,高校時代の経験や入試方法,学生生活の送り方によって規定されているといえるだろう。

3．現代の女子学生のライフコース展望と性別役割分業意識

　これまで,3時点のデータを用いて,女子学生のライフコース展望とその規定要因の経年比較を行ってきたが,性別役割分業に関する項目との関連は検討してこなかった。今回使用した大学生を対象とした調査データにおいて,性別役割分業意識に関する質問項目は2004年に実施した2003年調査の追加調査と2007年の調査のみ入れてあるため,今回の経年比較という研究目的上,分析モデルに入れることができなかった。しかし,これまでも性別役割分業への賛否と女子学生のライフコース展望には強い関連があることが指摘されてきた（吉川 2001,元治・片瀬 2008 など）ため,経年比較はできない[8]が,07年データのみで,女子学生のライフコース展望と性別役割分業意識の関係を確認する（図6-4）。

全体的には性別役割分業に対して反対している女子学生は賛成している女子学生より「仕事志向」の割合が高く，性別役割分業に対して肯定的な女子学生は「家庭志向」の割合が高いという結果となっている。2007年データからも，先行研究と同様，性別役割分業意識とライフコース展望の強い関連を指摘することができる。しかし，詳細にみていくと，性別役割分業に賛成している女子学生が「仕事志向」である割合は3％前後と少ないのに対して，性別役割分業に反対しているものの3割近くが「家庭志向」であることに注目できる。こうした動きは，仙台圏の高校生調査にもみられており，近年の若者たちが，性別役割分業の権利（＝経済活動はしない）はそのままに受け入れ，義務は放棄する（＝家事育児は分担）といった「美味しいとこ取り」を志向する傾向が指摘されている（多賀 2005a，元治・片瀬 2008）。また，「男性は外で働き，女性は家庭を守るべき」といった設問に対しては，男女平等の考え方の普及のもと，それに反対することが「常識化」されてしまっており，ジェンダーに関する意識の保革は把握しづらいとの指摘もあり（尾嶋 2002，長尾 2008），今後はこうした点も含めた精査が必要である。

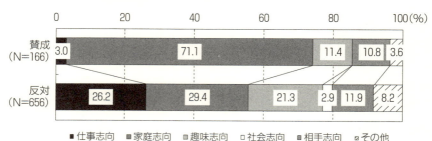

図6-4　性別役割分業への賛否とライフコース展望（2007年・7大学データ）

第 6 節 「仕事志向」の減少と「家庭志向」の増加の背景

　本章では，この10年間における女子学生たちのライフコース展望とその規定要因の変化を，経済状況といった社会構造的な側面と性別役割分業といった意識の側面の双方から分析を行ってきた。その結果，以下の3点の知見が得られた。第一に，この10年間の女子学生のライフコース展望は，2003年と2007年の間に「仕事志向」の減少と「家庭志向」の増加といった変化が起こっていることである。とくに，2007年という調査時点は，多変量解析によっても有意な効果をもっており，女子学生の「仕事志向」から「家庭志向」へのライフコース展望の変化は，時点の影響が大きいと考えられる。第二に，女子学生のライフコース展望の規定要因の経年変化では，1997年，2003年に比べて，2007年において「友人との交友」や「異性恋人との交際」に比重を置いている女子学生が「仕事志向」に比べて「家庭志向」になりやすい傾向を示しており，近年においては，社交的で恋愛にも積極的な女子学生ほど「家庭志向」であることが確認された。第三に，2007年データからは，性別役割分業意識とライフコース展望の間に強い関連があることが改めて確認された。しかし，性別役割分業に反対している女子学生の3割が「家庭志向」を希望しているという傾向も同時にみられており，この意識のギャップも注目される結果である。

　以上の知見からは何が言えるだろうか。まず，1997年，2003年の不況期よりも2007年といった景気上昇期において，女子学生のライフコース展望における「家庭志向」が増加していることについては，これまでの若年女性の「保守化」といった現象が，長期不況によるものであるといった単純な解釈に対しては，一定の留保を要請するものとなる。1992年から約10年間続いたこの不況は，いずれのコーホートとも経験しているはずである。にもかかわらず，あらゆる属性項目の影響を考慮してもなお，好景気であった2007年時点における「家庭志向」の増加が顕著に確認された。女子学生の「家庭志向」の高まりは，就職率の上昇には反応せず，経済状況から独立した現象であったといえる。

このような調査時点の影響の強さは，コーホートの特性の違いといえるだろう。前述のとおり，人々のライフコース選択に与える社会経済状況の影響は，それまでの人生において，それを経験した時期によっても異なってくる。2007年調査対象者のコーホートは，バブル景気とその後の空前の不況を目の当たりにし，自身も就職氷河期を経験した1997年調査のコーホートや不況期に思春期を送った2003年調査コーホートと比べると，物心がついた時には「失われた10年」という長期不況の最中であり，10代半ばまでを不況期の中で過ごした世代である（表6-4）。男女雇用機会均等法が施行され，大学生の就職状況が売り手市場であったバブル期の背中が見える時代に育った1997年コーホートが，不況期においては「手に職」といった「仕事志向」で安定を手に入れようとしたのに対し，2007年コーホートは先の見えない低成長時代に育っており，大学入学前後に好景気の到来を経験するも「フリーター，ニート」といった若年層の非正規雇用問題が浮上した時期とも重なったため，職業を通じての安定に現実味を見出せなかった可能性が考えられる。

　また，女性の就労という側面から見ても，男女雇用機会均等法の施行から30年近くが経過し，結婚後も女性が働くことが当たり前であるという認識をもった世代からすると，家庭中心の生き方は新鮮に感じられるだろう。女性の労働市場における就業継続の状況は，以前の時代のように，結婚を機に退職する者は激減しており，「仕事も家庭も」といった生き方が十分に可能なように

表6-4　調査時点別コーホートの時代経験（社会経済状況）

		97年調査対象者	03年調査対象者	07年調査対象者
	生年	1975〜1979年ごろ	1981〜1985年ごろ	1985〜1989年ごろ
	年齢（2010年時点）	31〜35歳	25〜29歳	21〜25歳
社会経済状況	バブル景気 （1986〜1991年）	小学生〜中学生	幼児〜小学生	誕生〜幼児期
	「失われた10年」 （1992〜2002年）	高校生〜大学生	中学生〜高校生	小学生〜中学生
	景気回復期 （2003〜2007年）	20代半ば〜30歳前後	大学生〜20代半ば	高校生〜大学生

※1　調査対象者は大学1〜4年生が中心であるため，対象者の年齢には4年程度の幅をもたせている。
※2　網掛けは調査時点

みられている。しかし，実際には出産・育児期で女性の就業者が減少するといった状況となっており「M字型カーブ」と呼ばれる年齢別の日本の女性の労働力率グラフの形状が，結婚退職に代わって出産・育児退職へと労働力率低下の時期が先延ばしにされただけの厳しい状況となっている（元治・片瀬 2008：121）。このような現状を受けて，家庭と仕事の両立に苦労している前の世代の女性の後ろ姿を見てきた現代の若い女性たちが，結婚後は配偶者の扶養のもとでのんびり暮らすことを希望する傾向が強くなっているという可能性も考えられる。

　本章のデータからは，近年になるにつれて「家庭志向」になりやすい女子学生が，社交的で恋愛にも積極的なタイプへと変化していることがうかがわれる。また，性別役割分業意識に否定的でありながら「家庭志向」を希望するものも多くみられている。このことを考え併せると，近年における若年女性の「家庭志向」の増加は，決して伝統回帰的な意味をもつ「保守化」ではなく，生まれたときから経済低成長時代を生き，なおかつ，先輩女性たちの労働市場における苦労を目の当たりにしてきたコーホートが，時代に適応した結果の意識特性から生じた現象といえるのではないだろうか。

注：
1）　日本においては，結婚・出産による女性の離職（「M字型カーブ」）が問題とされてきた。近年においては，結婚よりも出産・育児が女性の就業継続を難しくしている要因といわれている（元治・片瀬 2008，労働政策研究・研修機構 2007）。
2）　片桐（2009）の調査結果においては「生まれ変わったら男性になりたいか／女性になりたいか」との問いに対する回答傾向に関して，就職率や景気変動と関連づけて，就職状況が良いときには男性として（仕事に）生きることが魅力的になるという考察を行っている。
3）　質問紙では，これらの選択肢から1つを選択する形式で聞いており，組み合わせることができない構造となっているため（たとえば「家庭と仕事の両立」など），回答者は「将来最も重視したいライフスタイル」を1つ選んでいるものと思われる。そのため，「家庭志向」を単純に「専業主婦志向」とはいえないということには留意が必要である。

4）「高校時代の活動」と「大学時代の活動」には連続性があることも指摘されている（岩田 1999a, 1999b, 武内 2003）。
5）　多項ロジスティック回帰分析は3つ以上のカテゴリの中から, 任意の1つのカテゴリを基準とし, その他の事象が起こる確率を予測するものである。今回の分析の場合,「家庭志向」の発生する確率を P1,「その他志向」が発生する確率を P2, 基準カテゴリである「仕事志向」を Pj とすると「仕事志向」に対する「家庭志向」の発生確率 (P1/Pj),「その他志向」の発生確率 (P2/Pj) をそれぞれ対数変換し, それぞれを X1, X2…Xn 等の説明変数で予測する。
　式で表すと $\log(P_i/P_j) = b_0 + b_1 X_1 + b_2 X_2 + \cdots b_n X_n$ $(i=1,2\cdots j-1)$ となる。
6）　入試方法については, これまでも, 男子よりも女子の推薦入試選択率が高いことやその理由として浪人忌避や競争回避といった意識が存在すること, 推薦入試選択者の家庭志向の強さなどが指摘されてきている（吉原 1998, 濱嶋 2002）。
7）　大学における活動とライフコース展望との因果関係については, 同時決定や因果関係が逆転している可能性も考えられるが, 本稿においては, 注4に示したように, 高校時代の活動と大学時代の活動には連続性が認められるという先行研究の知見を前提として, 大学生活の各項目を独立変数として扱っている。変数間の因果関係については, 引き続き調査項目の検討も含めて精査していく必要がある。
8）　2004年に行った2003年の追加調査については, サンプルとなる大学が2003年調査と異なるため, 経年比較の対象とすることはできないが, 2004年調査のみのデータを用いた分析からは, リベラルなジェンダー意識をもつ女子学生においては,「一生働く」は44％,「結婚して家事育児」が12.9％,「好きなことをしたい」が21.1％であることが報告されている（谷田川 2007）。

第7章
男子学生は将来のパートナーにどのような生き方を望んでいるのか

第1節 キャリアとジェンダー研究における男子学生への視点

　前章では，女子学生のライフコース展望の10年間の変化について検討してきたが，男子学生たちは，将来の自分のパートナーとなる女性のライフコースについて，どのような意識をもっているのだろうか。女子学生においては，この10年間で仕事志向が減少し，家庭志向が増加するといった変化が起こっている。また，他の調査データからも，若年女性たちの性別役割分業意識が近年になって保守化しているといった現象が報告されている。

　このように，女性が家庭志向を強めている一方で，1990年以降の長期不況と雇用の流動化によって，就職希望者の全員が正社員になれるわけではないという雇用状況となっており，結婚後に専業主婦の妻と子どもを養えるだけの職業と収入を得ることのできる男性は限られてくるといった状況となってきている（山田 2009）。事実，年収1,500万円以上の30〜34歳の男性の有配偶者率は90.0％であるのに対し，年収150〜199万円の男性の有配偶者率は34.0％となっており（浅野 2010）[1]，不安定な雇用による収入の減少は，男性の将来のライフコースに大きな影響を及ぼす可能性が考えられる。そして，こうした現象は，とりもなおさず，家庭志向を強めている女子学生を含む若年女性たちの将来のライフコース展望にも揺らぎを与えることとなる。このような，不安定な社会状況の中にあって，就職問題に直面している男子学生たちは，将来のパー

トナーにどのようなライフコースを希望しているのだろうか。

男子学生が将来のパートナーに望むライフコースの10年間の変化の分析からは，女子学生の意識の変化と比べて，大きな変化はみられなかった（前章図6-3参照）。しかし，先にも述べたように，男性のライフコースには，将来の雇用形態や職業，収入といった社会的な要因が大きく影響してくるため，ここでは，学年，大学類型，専攻分野，両親の学歴といった社会的な要因を大きく反映していると思われる属性項目別による分析を行い，男子学生が将来のパートナーに望むライフコースについて，詳細に検討していく。

男性と女性の意識の変化は相補的な関係にあり，女性の将来のライフコース展望の変化は，男性の将来に対する意識にも影響を与え，男性の将来への意識の変化は，女性自身のライフコース展望にも影響を与える。それゆえに，不安定社会に生きる女子学生のライフコース展望の変化に加えて，男子学生が将来のパートナーに望むライフコースの変化を検討することは，今後の社会における男女双方にとっての生き方（＝キャリア）を考えるうえでも意義のあるものと考えられる。

これまで，若年男性に焦点を絞ったジェンダー意識研究の蓄積は少ない現状にあるが，社会学領域においては，男性研究または男性性研究としていくつかの興味深い研究が蓄積されている。多賀太（2006）は，1995年から1999年にかけて行った4人の若年男性へのインタビュー調査から，男性のジェンダーをめぐる葛藤とその克服過程の分析を行った。その結果，幼い頃から持ち続けてきた伝統的なジェンダー観と学校で学んだり，交際している恋人が主張していたりした男女平等意識との間で，ほぼ全員がジェンダーをめぐる葛藤を経験しており，その経緯や克服のパターンはそれぞれ異なるものであることが明らかとなった。また，こうした経緯からは，恋愛によって自らのジェンダー意識が相対化され，それまで自明と思っていた伝統的なジェンダー観に揺らぎを与えるケースが多くみられ，青年期男性のジェンダー形成には恋愛の影響が大きいことも浮き彫りにされた。

また，藤村正之（2006）は，社会から向けられている近年の男性に対する「男

らしさ」へのまなざしの変化について，従来の「強く」「たくましい」といった「男らしさ」から，「やさしく」「思いやり」のあることこそが「男らしい」というように変容していると述べている。また，多くの若年男性も勇猛果敢といった硬直的な「男らしさ」を男性の役割として認識できなくなっており，現代という時代においては，「男らしさ」に限らず「女らしさ」といったカテゴリもジェンダーによって振り分けられるのではなく，「自分らしさ」「その人らしさ」という形で他者に理解されていく時代が到来していると説明している。

　一方，大学生の意識調査の先行研究としては，片桐新自の調査分析が参考になる。片桐（2009）は，1987年から2007年までの5時点20年間にわたって行った大学生へのアンケート調査の結果から，男子学生の「既婚女性の仕事の継続」についての考え方の変化を明らかにしている。それによると，1987年から1997年にかけて「仕事をずっと続ける」といった「仕事志向」を支持する割合が増加し，「結婚まで」とする「家庭志向」を支持する割合が減少するといった「男女平等化」が進んだが，1997年から2007年にかけては，ほぼ変化がない状況となっていることが指摘されている。

　以上，これまでの研究からは，男子学生を含む近年の若年男性の「男らしさ」の意味が変質し，また，男性としてのアイデンティティは一枚岩ではないことが指摘されている。加えて，パートナーや恋人である女性のジェンダー意識の影響を受けやすく，それが男性自身のライフコースに反映される傾向もうかがわれる。以上の結果からは，近年においては男性のジェンダー意識が多様化していると受け取ることができる。一方，片桐の行った大学生調査の経年比較の結果からは，近年になるほど，男子学生の女性の生き方に対する意識が調査年度間で変化がなくなり，平板化していることが明らかにされている。これは本書で使用している大学生調査の結果とも一致する傾向ということができる。しかし，前述のような若年男性の間におけるジェンダー意識の多様化が起こっているということを考え合わせると，男子学生全体の意識の変化のみを議論するのではなく，通っている大学の違いや学部学科，両親の学歴といった属性項目との関連から，今一度，詳細に分析する必要があるように思える。

そこで，ここでは男子学生が将来のパートナーに望むライフコースについて，属性項目を独立変数とした分析を行うこととする。

第2節　男子学生が将来のパートナーに望む生き方の規定要因

1．属性別の分析

　男子学生が将来のパートナーに望むライフコースの10年間の変化を検討するにあたって使用するデータは，前章で使用したものと同じものである。前章では女子学生のみのデータを使用したが，ここでは，男子学生のみのデータを用いて，男子学生が将来のパートナーに望むライフコースを従属変数としたクロス分析を行い，属性項目（学年，専攻，親の学歴など）ごとの3時点10年間（1997年，2003年，2007年）の意識の変化を確認する。前章の図6-3に示したとおり，この10年間における男子学生全体の意識には大きな変化はみられなかったが，これらの属性項目で統制するとどのような結果になるだろうか。

　結果を表7-1に示した。全体的にみて，父親の学歴以外の項目においては，χ二乗検定による有意な結果は得られていない。しかし，ここでは，統計的に有意ではないことに留意しつつ，分布の変化を追っていくこととする。

　まず，学年でみてみると，下級学年（1-2年生）では，2007年時点での「家庭志向」の増加が著しい。一方，上級学年（3-4年生）においては，「仕事志向」が増加しており，「家庭志向」は微増にとどまっている。上級学年においては，就職活動中もしくは，就職活動を終えたものがほとんどであると考えられるため，社会の現実を垣間見ることによって，将来のパートナーにも一生仕事を継続（＝共働き）することを希望するものが増加した可能性が考えられる。

　大学類型では，「難関大学」では，3時点の間で大きな変化はみられていないが，「中堅大学」「一般大学」においては，2007年時点で「家庭志向」が10ポイント以上も増加している。また，「中堅大学」においては，「仕事志向」が減少している。一般的に，男女とも，高学歴のものほど，性別役割に対して平

表7-1　属性×ライフコース展望（男子学生のみ）

(単位：%)

		調査年度	N	将来のパートナーに希望するライフコースについて						合計
				一生働き続ける	結婚して家事育児	自分の好きなことを	社会活動やボランティア	相手の意向に合わせる	その他	
学年	1-2年	97年	239	10.9	37.7	21.8	0.8	21.8	7.1	100.0
		03年	322	10.9	34.5	19.9	1.2	23.6	9.9	100.0
		07年	343	8.7	**42.0**	19.2	1.5	22.7	5.8	100.0
	3-4年	97年	128	7.8	32.0	20.3	3.1	29.7	7.0	100.0
		03年	148	7.4	35.1	23.6	2.0	25.0	6.8	100.0
		07年	129	12.4	38.8	**18.6**	0.8	24.8	4.7	100.0
大学類型	難関大学	97年	180	10.6	30.6	23.9	2.8	24.4	7.8	100.0
		03年	336	11.3	34.8	20.2	1.2	23.5	8.9	100.0
		07年	302	10.3	36.4	18.9	1.7	26.2	6.6	100.0
	中堅大学	97年	87	6.9	42.5	19.5	0.0	21.8	9.2	100.0
		03年	53	13.2	30.2	26.4	1.9	13.2	15.1	100.0
		07年	81	8.6	**48.1**	21.0	0.0	**21.0**	1.2	100.0
	一般大学	97年	104	10.6	38.5	18.3	1.0	26.9	4.8	100.0
		03年	88	5.7	36.4	20.5	2.3	30.7	4.5	100.0
		07年	99	8.1	**46.5**	21.2	2.0	**16.2**	6.1	100.0
専攻	人文社会系	97年	82	17.1	36.6	17.1	1.2	22.0	6.1	100.0
		03年	145	12.4	28.3	21.4	2.8	26.2	9.0	100.0
		07年	70	11.4	**41.4**	17.1	2.9	22.9	4.3	100.0
	社会科学系	97年	165	7.9	33.3	23.0	3.0	26.1	6.7	100.0
		03年	224	7.6	40.2	21.0	0.4	24.6	6.3	100.0
		07年	241	10.0	**45.2**	16.2	1.7	23.2	3.7	100.0
	教員養成系	97年	108	7.4	38.9	19.4	0.0	26.9	7.4	100.0
		03年	54	11.1	29.6	25.9	3.7	14.8	14.8	100.0
		07年	8	12.5	**12.5**	25.0	0.0	**25.0**	25.0	100.0
	その他	97年	14	7.1	28.6	35.7	0.0	7.1	21.4	100.0
		03年	45	17.8	31.1	11.1	0.0	24.4	15.6	100.0
		07年	106	**6.6**	**41.5**	22.6	0.9	22.6	**5.7**	100.0
入試形態	一般入試	97年	293	8.9	36.2	19.1	1.7	25.9	8.2	100.0
		03年	343	12.0	31.2	21.6	1.2	23.0	11.1	100.0
		07年	360	10.0	**36.9**	21.1	1.4	24.4	**6.1**	100.0
	推薦など	97年	78	12.8	33.3	29.5	1.3	19.2	3.8	100.0
		03年	134	6.7	43.3	**19.4**	2.2	25.4	3.0	100.0
		07年	119	8.4	**50.4**	16.0	1.7	**19.3**	4.2	100.0
通学方法	自宅	97年	184	9.8	36.4	22.3	1.6	22.3	7.6	100.0
		03年	256	9.0	34.8	21.1	1.2	25.0	9.0	100.0
		07年	284	11.6	35.6	19.7	1.8	25.7	6.0	100.0
	自宅以外	97年	186	9.1	34.9	20.4	1.6	26.9	7.0	100.0
		03年	221	12.2	34.4	20.8	1.8	22.2	8.6	100.0
		07年	197	**6.6**	**47.2**	19.8	1.0	20.3	5.1	100.0
現役or浪人	現役	97年	236	8.5	33.5	22.9	1.7	27.5	5.9	100.0
		03年	343	9.3	36.2	20.7	1.5	25.1	7.3	100.0
		07年	379	9.2	**42.7**	20.6	1.1	21.9	4.5	100.0
	浪人	97年	135	11.9	39.3	18.5	1.5	19.3	9.6	100.0
		03年	134	13.4	**30.6**	21.6	1.5	20.1	12.7	100.0
		07年	103	10.7	**32.0**	16.5	2.9	28.2	9.7	100.0
父学歴	四大卒以上	97年	159	11.9	37.7	17.6	1.9	21.4	9.4	100.0
		03年	267	12.0	30.3	25.1	0.7	23.2	8.6	100.0
		07年	284	10.2	**39.1**	**18.7**	1.8	22.2	8.1	100.0
	四大卒以外*	97年	170	5.9	36.5	24.1	1.2	27.1	5.3	100.0
		03年	174	9.2	40.2	**16.1**	2.9	23.0	8.6	100.0
		07年	158	8.9	44.9	**20.9**	0.0	23.4	1.9	100.0
母学歴	四大卒以上	97年	57	14.0	33.3	17.5	0.0	21.1	14.0	100.0
		03年	122	15.6	31.1	21.3	1.6	22.1	8.2	100.0
		07年	135	12.6	27.4	24.4	1.5	22.2	11.9	100.0
	四大卒以外	97年	268	8.2	38.4	21.3	1.5	24.6	6.0	100.0
		03年	318	9.1	35.5	20.8	1.6	24.2	8.8	100.0
		07年	306	8.5	**46.1**	20.8	1.0	24.2	**2.9**	100.0

χ二乗検定：*p<0.05　無印 n.s.
大学類型は，代々木ゼミナール2009年度の入学難易度（偏差値）による。難関大学：60以上，中堅大学：59〜50，一般大学：49以下

等志向であるといわれている。他の大学類型において「家庭志向」が大幅に増加しているにもかかわらず,「難関大学」においては,10年間を通して,大きな変化がないということの背景には,このような学歴とジェンダー意識の関連があるものと考えられる。また,近年の大学入学者の多様化が進んだのは,主に「中堅大学」と「一般大学」においてであったため,性別役割意識も含めた大学生の意識特性自体が,これらの層で変化を大きくしているといった解釈もできる。これは,大学類型の影響を大きく受けている「入試形態」や「現役or浪人」においても同様の傾向がみられる。「推薦入試」「現役」で大学に入学したものにおいて,2007年時点での「家庭志向」の増加が著しいこととも関連しているものと思われる。「難関大学」では「一般入試」による入学者が多いが,「中堅大学」「一般大学」においては,「推薦など」といった多様な入試形態を経て大学に入学するものも多い。また,「現役」による入学者についても「一般大学」に多くみられる[2]。こうしたことから,入学者層の意識の変化が,2007年時点における,将来のパートナーに希望するライフコースの「家庭志向」の増加の一因となっている可能性が考えられる。

2．親の学歴との関係

　続いて,親の学歴との関係をみてみると,父親の学歴が「四大卒以上」における,2007年時点で「家庭志向」の増加が顕著である。一方,母親の学歴では,「四大卒以上」においては2007年時点で「家庭志向」は微減傾向であるのに対し,「四大卒以外」では,10ポイント以上も増加しているという結果となっている。近年において,父親の学歴は高いほうが,母親の学歴は低い方が「家庭志向」を高めているということになる。この一見,相反する結果の解釈の補助とするべく,両親の学歴の組み合わせから「両親四大卒」,「どちらか四大卒」,「両親非四大卒」の3つの類型を作成して分析を行ったところ,表7-2のような結果となった[3]。

　この結果によると,「両親四大卒」に関しては,10年間で大きな意識の変化はみられていないが,「どちらか四大卒」「両親非四大卒」における「家庭志

向」が大きく増加していることがみてとれる。

　以上，クロス集計による属性項目別の男子学生が将来のパートナーに希望するライフコースの分布を確認してきたが，女子学生の自分自身のライフコース展望の分析結果と比較して，ほとんどの項目について有意差がみられず，とくに「仕事志向」に際立った動きがみられなかった。「家庭志向」については，

表7-2　両親の学歴類型×将来のパートナーに望むライフコース（男子学生のみ）

（単位：％）

		調査年度	N	将来のパートナーに希望するライフコースについて						合計
				一生働き続ける	結婚して家事育児	自分の好きなことを	社会活動やボランティア	相手の意向に合わせる	その他	
両親学歴	両親四大卒	97年	52	15.4	32.7	19.2	0.0	17.3	15.4	100.0
		03年	111	14.4	29.7	22.5	0.0	24.3	9.0	100.0
		07年	125	11.2	27.2	24.8	1.6	22.4	12.8	100.0
	どちらか四大卒	97年	109	10.1	41.3	14.7	2.8	24.8	6.4	100.0
		03年	162	11.7	32.1	24.1	2.5	21.6	8.0	100.0
		07年	161	10.6	**47.2**	13.7	1.9	23.0	3.7	100.0
	両親非四大卒	97年	157	6.4	36.9	24.2	0.6	26.1	5.7	100.0
		03年	158	8.2	39.2	16.5	1.9	25.3	8.9	100.0
		07年	143	7.7	**45.5**	21.0	0.0	23.8	2.1	100.0

χ二乗検定：無印 n.s.
※「どちらか四大卒」の94.5％は「父・四大卒×母・非四大卒」の組み合わせとなっている

表7-3　両親の学歴類型×大学類型（男子学生のみ）

（単位：％）

調査年	両親学歴類型	N	大学類型			合計
			難関大学	中堅大学	一般大学	
1997年	両親四大卒	53	54.7	18.9	26.4	100.0
	どちらか四大卒	112	55.4	21.4	23.2	100.0
	両親非四大卒	163	46.0	25.2	28.8	100.0
2003年	両親四大卒	112	75.0	10.7	14.3	100.0
	どちらか四大卒	164	73.8	9.8	16.5	100.0
	両親非四大卒	158	67.7	11.4	20.9	100.0
2007年*	両親四大卒	126	72.2	15.9	11.9	100.0
	どちらか四大卒	161	64.6	16.8	18.6	100.0
	両親非四大卒	143	53.8	19.6	26.6	100.0

χ二乗検定　*p<0.05　無印 n.s.
※大学類型は，代々木ゼミナール2009年度の入学難易度（偏差値）による。
　難関大学：60以上，中堅大学：59～50，一般大学：49以下

下級学年 (1-2年) や人文，社会科学の専攻，「中堅大学」「一般大学」，推薦入試で入学，自宅以外から通学，現役で入学した男子学生において，2007年時点での増加がみられている。とくに，大学類型と関連の大きい項目（入試形態，現役 or 浪人）の「家庭志向」の増加が顕著である。また，両親の学歴類型別においても，「どちらか四大卒」「両親非四大卒」において，2007年時点で「家庭志向」が大きく増加している。この両親の学歴類型と大学類型の間には2007年時点で強い関連がみられている（表7-3）。こうした結果から，男子学生が将来のパートナーに望むライフコース展望には，両親の学歴構成や通っている大学の入学難易度といったことが，少なからず影響しており，両親の学歴が「どちらか四大卒」「両親非四大卒」や「中堅大学」「一般大学」といった男子学生において，2007年時点での「家庭志向」を強めている可能性が指摘できる。

第3節　性別役割分業意識との関係

　次に，2007年データを用いて，性別役割分業意識（「男性は外で働き，女性は家庭を守るべきだ」）と男子学生が将来のパートナーに望むライフコースとの関連について確認する。女子学生においては，これらの2つの変数間には強い関連が認められたが，男子学生ではどうだろうか。

　性別役割分業意識と将来のパートナーに望むライフコースとの関連を見てみると，性別役割分業に賛成しているものは反対しているものよりも，パートナーに「家庭志向」のライフコースを希望する割合が明らかに高いという結果となっている（図7-1）。また，性別役割分業に反対しているものは賛成しているものよりもパートナーとなる相手に「仕事志向」を希望する割合が高くなっている。これらの結果は，女子学生とほぼ同じ傾向を示しており，男子学生においても，性別役割分業意識と将来のパートナーに望むライフコースとの間には強い関連がみられている。

　男子学生に特有な点としては，性別役割分業意識に賛成している男子学生は，将来のパートナーに「家庭志向」のライフコースを望む割合が6割を超え

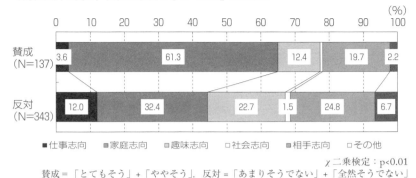

図7-1　性別役割分業への賛否と将来のパートナーに望むライフコース（2007年・7大学 男子学生のみ）

ているのに対し，性別役割分業に反対する男子学生においては，パートナーに「仕事志向」のライフコースを希望する割合が1割程度しかいないという点である。分布を詳細にみてみると，性別役割分業に反対している男子学生は賛成している男子学生よりも「趣味志向」と「相手志向」を希望している割合が高くなっている。ジェンダーに対して「リベラル」な意識をもつ男子学生は，相手の女性に職業をもつことを望むのではなく，相手の意志を尊重し，自由な選択を許容するといった態度をもっているといえる。

また，女子学生と同様な点としては，性別役割分業に賛成しているものがパートナーに対して「仕事志向」を希望する割合は3.6％となっているのに対し，性別役割分業に反対しているものがパートナーに「家庭志向」を希望する割合は3割を超えているということである。男子学生においても，女子学生と同じく，「性別役割分業の権利（＝家のことは女性に任せる）はそのままに受け入れ，義務（＝経済活動を担う）は放棄する」といった性別役割分業の「美味しいとこ取り」といった傾向が垣間見える。

第4節　キャリア意識と男女の関係性

　男子学生が将来のパートナーに望むライフコース展望については，1997年からの10年間において，大きな変化はみられていない。女子学生の（自分自身の）ライフコース展望が，この10年間で「仕事志向」から「家庭志向」へと大きくシフトしたことから考えると，男子学生は，職業生活以外の将来の生活については，今の時点ではあまり深く考えておらず，その傾向に変化はないということができるだろう。

　しかし，属性別でみてみると気になる点もある。両親の学歴が，「両親非四大卒」や「どちらか四大卒」であるものや，大学入学難易度による類型が「中堅大学」や「一般大学」であるものにおいて，2007年時点において，将来のパートナーに「家庭志向」を希望するものが増加する傾向がみられたことである。前述のとおり，近年においては，労働市場の状況が悪化し，若年者の雇用が不安定なことから，結婚しても専業主婦の妻を養うことが現実的ではなくなってきている。雇用が不安定，または低所得の男性の婚姻率も低下している。就職が困難であり，大卒後に非正規雇用や無業になるものの割合は，選抜性が低い大学生に多くみられており（小杉 2007：21），「中堅大学」や「一般大学」の学生は，「難関大学」の学生よりも，不安定な雇用形態に移行する確率は高いものと思われる。よって，今後，景気が上向くか，制度的な改善による労働市場の安定化が見込まれない限り，将来的に彼らがパートナーに「家庭志向」を望んだとしても，経済的な理由で実現できないといった「認知的不協和」状態となる可能性が考えられる。

　また，男子学生全般において，相手の望むライフコースを尊重したいとする「相手志向」（23.2％）や相手が自分の好きなこと（趣味）を優先するライフコースを選択することを歓迎する「趣味志向」（19.7％）といったように，相手の意志を尊重したライフコースを希望する回答が半数近くを占めている。前述のように，現在の若年男性にとっての「男らしさ」とは，以前の時代とは異なり「やさしさ」や「思いやり」へと変質しているといった議論を裏づける結果といえ

る。こうした男子学生の意識傾向からは，女子学生自身のライフコース展望の変化が，これからの男子学生の意識を決定づける大きな鍵となってくるということが推察される。

今後は，若年男性の「男らしさ」の定義が以前とは異なってきていることを受けて，男子学生の将来のライフコースを「就職し一生働く」といった一面的な捉え方を脱する必要があるものと考えられるため，男子学生自身の将来のライフコース展望についての調査・分析が急務であると思われる。

こうしたことからも，今後の社会経済状況の変化と女子学生，男子学生双方のライフコース展望の変化を引き続き注意深く確認していくことが，大学生たちへの有効なキャリア支援策について考察するうえで，重要なことであると思われる。

次章においては，男女のキャリア意識の関係性について明らかにし，大学における有効なキャリア支援にどのような視点が必要なのかについて議論を進めることとする。

注：
1) データは，2002年総務省「就業構造基本調査」をもとに独立行政法人労働政策研究・研修機構が再分析を行ったもの。
2) 推薦入試など（AO入試含む）で入学したものの大学類型別の割合は，「難関大学」24.7％，「中堅大学」33.0％，「一般大学」47.9％となっている。また，「現役」での入学者の割合は，「難関大学」79.4％，「中堅大学」76.3％，「一般大学」87.9％となっている。
3) 両親の学歴の組み合わせによる類型のうち，「どちらか四大卒」については，「父親・四大卒×母親・非四大卒」の組み合わせが94.5％，「父親・非四大卒×母親・四大卒」が5.5％という分布となっているため，ひとつのカテゴリにまとめることとした。結果の解釈を行う際には，この分布を念頭に置き，「父親・四大卒×母親・非四大卒」の傾向として考察している。

第8章
現代大学生のキャリアとジェンダー
―女子学生と男子学生の意識の関係性の分析

第1節　はじめに

　就職氷河期と言われた1990年代の後半以降，初等・中等教育における「キャリア教育」の導入に続き，大学においても「キャリア支援」が行われるようになり，その勢いはますます加速している。「キャリア」とは，職業を含む人生全体のことを指しており，大学における「キャリア支援」とは，学生の人生全体を見通したうえでの職業選択を可能にするための知識やスキルの習得と進路選択に対する支援を意味するものである。大学生の場合，卒業後には社会に出る者が大多数を占めるため，どうしても「人生全体」を見通した指導というよりは，「就職」に特化した支援になりがちである。しかし，職業や就職先の選択にあたっては，結婚，出産，育児，親の介護といった数多くのライフイベントとのかかわりを視野に入れることが重要である。

　こうしたライフイベントとキャリアの関係を考える際，必要不可欠なのがジェンダーの視点である。これまでの長い歴史の中で，ライフイベントとキャリアの兼ね合いで問題になってきたのは，主に女性の就業継続や家庭内での家事・育児等の役割分担についてであった。しかし，近年になるにつれて女性の社会進出も進み，パートナーとの役割分担という考え方も以前に比べると浸透し，同時に女性の生き方も多様化してきている。こうしたことから，キャリアの問題は女性の問題とみなされがちなのであるが，女性が多様な人生の選択肢を得たということは，男性にとってもパートナーの人生選択によって，仕事，家事

や育児，介護など，人生の選択肢が増えるということでもある。それゆえに，これからの時代を生きる大学生のキャリアを考えるにあたっては，男女双方のジェンダー意識とライフコース選択の関係を実証的に分析し，より現実に即した有効なキャリア支援策の構築に寄与する研究成果を蓄積することが重要である。

　そこで，本章では，第6，7章で分析した1997年，2003年，2007年のデータに加え，最新の調査である2013年のデータを加えた16年間4時点にわたる大学生調査データを用いて，女子学生と男子学生の将来のキャリア展望の変化を追うこととする。今回はとくに2013年の15大学に対して行った調査データを用いて，女子／男子学生のライフコース展望についての詳細な分析を行う。こうして，男女双方のライフコース選択のメカニズムを実証的に明らかにすることによって，より現実に即した有効なキャリア支援策の構築のための基礎的な知見としたい。

第2節　先行研究と本章の分析課題

　これまで，大学生を含む若年世代のライフコース展望についての先行研究からは，以下の知見が析出されている。

　まず，ライフコース展望の規定要因としては，女子学生のライフコース展望の分化の要因として，母親の就業，本人の学校歴などの影響（中西 1998），入試方法（吉原 1998，濱嶋 2002），大学入学難易度との関連（谷田川 2007），性別役割分業に対する意識との関連（谷田川 2007，元治・片瀬 2008 など）や「女性性（女らしさへのこだわり）」との関連（谷田川 2007）などが明らかにされている。

　また，こうした若年世代のライフコース展望の経年変化といった視点からは，若年女性の「保守化」傾向の指摘（松田 2005，元治・片瀬 2008 など）が指摘されている。また，第6章，第7章で検討したように，とりわけ，2000年代後半になるにつれて，女子学生の家庭志向が仕事志向よりも強まっており，保守化傾向が認められること，伝統的なジェンダー観をもっている女子学生は以前の

時代とは異なり「ラク」で「自由」な生き方を望んでいることなどが明らかとなっている。

　これらの研究成果を概観すると，大学生を含む若年世代のライフコース展望については，主に女子学生や女性が主に対象となっており，男性の意識という視点が欠けている。本調査においても，これまでの質問紙には男子学生に対しては「パートナーの生き方」しか聞いておらず，男子学生の意識とのパラレルな分析は未着手であった。2013年調査では男子学生にも自分自身のライフコース展望を聞いているため，本章においては男女の双方の意識の関係を明らかにする。また，若年女性の「保守化」傾向といった指摘についても，一時的なものだったのかどうか，男子学生の意識変化とともに2013年データで改めて確認する。

　上記の検討から，本章においては，① 1997年〜2013年における大学生のライフコース展望はどのように変化しているのか，② 男女間のライフコース展望の関係性はどのようになっているのか，③ ライフコース展望と性別役割分業意識との関連はどのようになっているか，の3点を分析課題とする。これらの分析結果を踏まえ，現代の大学生のライフコース展望とジェンダーとの関係性はどうなっているのかについて，就職状況といった社会経済的な状況も考慮に入れて考察する。これは本書の序章で示した実証分析における3つめの研究課題を明らかにするものである。

　分析に使用するデータは，前章と同じく，大学生文化研究会による大学生調査1997年，2003〜2004年，2007年データに2013年調査を加えた16年間4時点において行われたものを使用する。そのうち，4時点において調査対象となり，比較可能な一定のサンプルが確保されているのは7大学となっているため，経年比較においてはこの7大学を抽出して分析を行う。

　さらに，今回は上記の4時点における学生の意識の経年比較に加え，15大学を対象として行った2013年度調査（うち14大学を使用 1,771名：男子674名，女子1,095名）を単年度で使用する。

第3節　大学生のライフコース展望の4時点変化

　ここでは，第7章の分析で確認した1997，2003，2007年のデータに2013年のデータを加え，4時点のデータを用いて大学生のライフコース展望の16年間の変化を確認する。

　まず，女子学生のライフコース展望の16年間の変化をみてみると，1997年以降，「家庭志向」が上昇の一途をたどっており，一方で「仕事志向」は下降を続けている（図8-1・左）。第6章でも確認された「家庭志向」の上昇と「仕事志向」の下降という傾向は，2003年，2007年に引き続き，2013年調査でも続いていることが確認された。

　また，2007年時点で11.8％であった「相手志向」（パートナーの生き方に合わせる）が2013年では17.9％と増加傾向がみられている。一方，「趣味志向」（自分の趣味を中心とした生活）が下降の一途をたどっている。

　次に男子学生がパートナーに望むライフコース展望の16年間の変化を見てみると，2003年以降，パートナーに「家庭志向」を希望する割合がやや増加している（図8-1・右）。また，パートナーに「仕事志向」を望む割合もやや低下傾向となっており，2013年では1割以下となっている。一般的に経済不況時には男性の共働き志向が増加すると言われているが，大学生においてはその

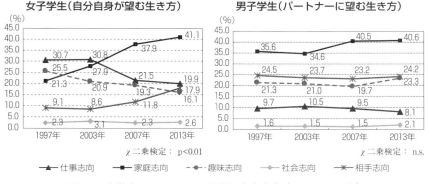

図8-1　大学生のライフコース展望の経年変化（1997～2013年）

ような傾向はみられない。

しかし，女子学生のライフコース展望が16年間で大きな変化があったにもかかわらず，男子学生が望むパートナーのライフコースについては，16年間で大きな変化はみられていないことは重要な知見であると考えられる。

第4節　ライフコース展望からみる将来のパートナーとの関係性（2013年データ）

次に，女子学生と男子学生のライフコース展望の関係性を探っていく。2013年調査では，男女ともに，それぞれ自分自身とパートナーに望むライフコースを聞く形式となっているため，ここからは2013年度調査のデータを用いて分析を行うこととする。

1．ライフコース展望の分布（男女別）

まず，2013年時点における大学生が将来希望する自分自身のライフコース展望について，男女別に確認する（表8-1）。

女子学生では，家事育児中心の生き方である「家庭志向」が41.4％と最も希望する割合が高くなっている。男子学生では，一生働くことを希望する「仕事志向」が39.6％で最も高くなっている。また，「好きなことをしたい」とい

表8-1　自分自身が望む将来のライフコース展望（2013年データ）

	N	女子	男子	合計
一生働き続ける（仕事志向）	470	19.3	**39.6**	27.0
結婚して家事育児中心（家庭志向）	553	**41.4**	15.9	31.8
自分の好きなことを（趣味志向）	364	18.3	**25.2**	20.9
社会活動やボランティア（社会志向）	41	2.2	2.6	2.4
相手の意向に合わせる（相手志向）	272	16.4	14.4	15.6
その他	41	2.4	2.3	2.4
合計	1,741	100.0	100.0	100.0

χ二乗検定：p<0.01

う「趣味志向」の男子学生も25.2％存在している。

　性別で比較すると，「仕事志向」は女子学生よりも男子学生が大幅に上回っており，「趣味志向」も同様の傾向がみられている。一方，「家庭志向」は女子学生のほうが圧倒的に高い傾向がみられる。

　次に，将来のパートナーに希望するライフコースについてみてみると，女子学生では相手に仕事中心のライフコースを望んでいる割合が54.3％と最も多い。一方，男子学生はパートナーに「家庭志向」を望んでいる割合が44.1％と最も多くなっている（表8-2）。

　性別で比較すると，女子学生の半数以上がパートナーに「仕事志向」を希望しているのに対して，男子学生が「仕事志向」をパートナーに希望する割合は8.1％と1割を切っている。一方，女子学生は将来のパートナーに「家庭志向」を望む割合は13.8％となっているが，男子学生では4割以上がパートナーに「家庭志向」を望んでいる。また，男子学生は女子学生に比べて，パートナーに「相手志向」（結婚相手の生き方に合わせる）を望んでいる割合も高い傾向がみられている。

　この結果をみる限り，男女ともに生き方が多様化していると言われている現代においてもなお，「男は仕事，女は家庭」という伝統的な性別役割に沿ったライフコースを若年世代の男女とも，自分自身でもパートナーに対しても希望していることが確認できる。

表8-2　パートナーに望む将来のライフコース展望（2013年データ）

	N	女子	男子	合計
一生働き続ける（仕事志向）	622	54.3	8.1	37.0
結婚して家事育児中心（家庭志向）	423	13.8	44.1	25.1
自分の好きなことを（趣味志向）	231	9.9	20.2	13.7
社会活動やボランティア（社会志向）	29	1.6	1.9	1.7
相手の意向に合わせる（相手志向）	339	17.9	24.0	20.2
その他	38	2.6	1.7	2.3
合計	1,682	100.0	100.0	100.0

χ二乗検定：p<0.01

2. ライフコース展望における男女の関係性

ここでは，自分自身が希望するライフコース別にパートナーに希望するライフコースについて，男女別に分析を行い，現代の大学生のライフコース展望を男女の関係性という視点から考察する。

まず，女子学生からみてみると，「仕事志向」を希望している女子学生は，パートナーにも「仕事志向」を希望する割合が69.7％となっており，他のライフコースのカテゴリの中では最も高くなっている（図8-2）。現代の女子学生たちは，自分が働いているからといって，相手に家庭中心の「主夫」的な生き方を求めているのではなく，相手も仕事中心の生活の共働きモデルを希望しているものと考えられる。

「家庭志向」を希望している女子学生は，パートナーにも「家庭志向」を望んでいる割合が2割近くとなっており，他のライフコースのカテゴリよりも高くなっている。自分自身も家庭中心の生活を希望しながら，相手にも家庭中心の生活を求めており，たとえ専業主婦であっても，家事育児は分担してほしいという意識の表れとも解釈できる。

「趣味志向」「社会志向」「相手志向」についても，自分自身の希望するライ

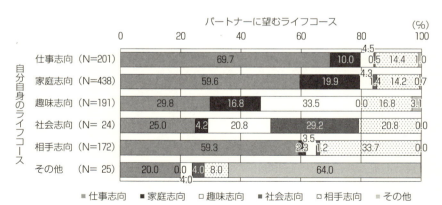

図8-2　自分自身のライフコース×パートナーに望むライフコース（女子学生）

フコースと同じライフコースをパートナーにも希望する傾向がみられており，結婚相手に対しては，同じ価値観のもとで同じ生き方を共にしたいという意識が垣間みられる。

続いて，男子学生についてみてみると，共働きモデルを希望している女子学生とは異なり，自分自身が「仕事志向」であるものがパートナーにも「仕事志向」を望んでいる割合は14.1％となっている（図8-3）。他のライフコースのカテゴリと比較すると，相手に「仕事志向」を希望する割合が高い傾向はみられるが，「仕事志向」の男子学生の5割近くがパートナーに「家庭志向」を希望している。

「家庭志向」を希望している男子学生については，パートナーに「仕事志向」を希望している割合は5.4％となっており，自身が「専業主夫」的な生き方を希望しているわけではなさそうである。むしろ，相手にも「家庭志向」を希望している割合が63.4％と他のライフコースのカテゴリと比較しても高くなっており，パートナーと共に家庭中心の生き方をしたいと考えているようである。

そのほかのライフコースについても，自分の望むライフコースと同じライフコースをパートナーにも希望している傾向がみられている点については女子学生と同様である。

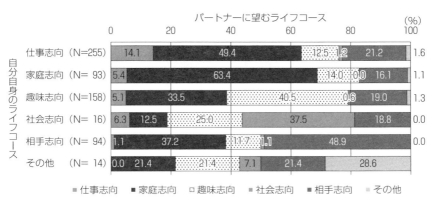

図8-3　自分自身のライフコース×パートナーに望むライフコース（男子学生）

第5節　性別役割分業意識との関係

1．性別役割分業意識の分布

　ライフコース展望の分化に性別役割分業意識が影響していることは先行研究からも明らかにされている。ここでは，2013年時点における大学生の性別役割分業意識とライフコース展望の関係について性別で確認することとする。

　まずは，性別役割分業意識の分布を性別に概観する（図8-4）。

　「夫は外で働き，妻は家庭を守るべきである」という性別役割分業意識に対して，女子学生では81.6％，男子学生では70.1％が「反対」と回答しており，男女とも圧倒的に性別役割分業に「反対」している割合が高く，女子のほうが男子よりも「反対」している割合が10ポイント以上高くなっている。現代の大学生は，旧来からの性別役割分業意識を概ね支持していないという結果となっている。しかし，前節の表8-2においては，旧来の性別役割に沿ったライフコース展望をもっていることが指摘されている。第6章，第7章でも触れたが，性別役割分業意識への賛否と実際に希望するライフコースとのギャップは，2013年データからも確認できる。

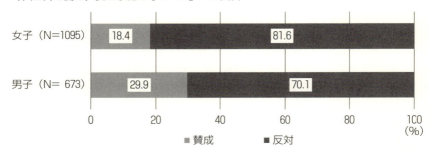

図8-4　性別役割分業意識の分布（男女別）

2. 性別役割分業意識と自分自身の将来のライフコース展望

続いて，性別役割分業意識への賛否と自分自身の将来のライフコース展望との関係についてみていく（表8-3）。

まず，男子学生は性別役割分業の賛否による大きな差はみられない。「仕事志向」については，性別役割に「賛成」しているほうが反対しているほうよりもやや多くなっている。

一方で，女子学生には明確な差がみられている。性別役割分業に「賛成」しているものは圧倒的に「家庭志向」が多くなっている。性別役割分業に「反対」しているほうは「賛成」しているほうよりも「仕事志向」を希望する割合が高くなっている。

しかし，性別役割分業に反対しながらも「家庭志向」を希望する女子学生も，35.7％と決して少なくない割合で存在している。この現象は，先行研究でも確認されており，本調査の2007年データでもみられたものであるが，「性別役割分業の権利（＝経済活動の放棄）は受け入れ，義務（＝家事育児）は放棄する」といった「美味しいとこ取り」（多賀 2005a，元治・片瀬 2008）の傾向が，2013年の時点においても継続しているものと考えられる。

表8-3　性別役割分業意識×自分自身が希望するライフコース

	性別役割分業意識	自分自身が希望するライフコース					合計
		仕事志向	家庭志向	趣味志向	相手志向	その他	
男子	賛成（N=197）	44.2	16.8	25.9	10.7	2.5	100.0
	反対（N=462）	37.7	15.6	24.9	16.0	5.8	100.0
女子	賛成（N=198）	7.1	66.7	9.1	15.2	2.0	100.0
	反対（N=884）	22.1	35.7	20.4	16.6	5.2	100.0

χ二乗検定：男子 n.s.　女子 p<0.01
「その他」には「社会志向」を含む
■は5ポイント以上の差があるセル

3. 性別役割分業意識とパートナーに望むライフコース展望

それでは，性別役割分業意識とパートナーに望むライフコース展望との関係はどうなっているだろうか（表8-4）。

男子学生では，性別役割分業に「反対」しているもののほうが「賛成」しているものよりも，パートナーに「家庭志向」を希望する割合が圧倒的に低くなっており，家庭以外のライフコースを希望している割合が高いという傾向がみられている。

　女子学生においては，性別役割分業に「反対」しているものは「賛成」しているものよりも，パートナーに「仕事志向」を望む割合が低く，それ以外のライフコースを望む割合が高い傾向がみられている。

　この結果から，男女とも，性別役割分業意識の賛否によって，将来のパートナーに望むライフコースが異なっていることが確認できる。

　しかし，ここでも性別役割分業に「反対」でありながら，パートナーに「家庭志向」を希望する男子学生は35.5%ほど存在するという現象がみられており，経済活動の一方的な負担に対しては反対する一方で，家事育児中心のライフコースをパートナーに求めるといった，前述の「美味しいとこ取り」の意識が，女子学生のみならず，男子学生にも存在する可能性が考えられる。

　一方で，女子学生においては，性別役割分業に「反対」しながらもパートナーには「仕事志向」を希望している割合が52.2%となっている。こうした「一生仕事をする」という意識については，性別役割分業意識の賛否にかかわらず，男子学生はパートナーに対して「働かない」ことを希望する反面，女子学生はパートナーが「働かない」ことを希望しないという明確な意識の差がみられている。

表8-4　性別役割分業意識×パートナーに望むライフコース

	性別役割分業意識	自分自身が希望するライフコース					合計
		仕事志向	家庭志向	趣味志向	相手志向	その他	
男子	賛成（N=188）	3.2	64.4	12.2	19.7	0.5	100.0
	反対（N=442）	10.2	35.5	23.5	25.8	5.0	100.0
女子	賛成（N=197）	63.5	10.2	3.0	19.3	4.1	100.0
	反対（N=855）	52.2	14.6	11.5	17.5	4.2	100.0

χ二乗検定：男子 p<0.01　女子 p<0.01
「その他」には「社会志向」を含む
■は5ポイント以上の差があるセル

第6節　男女双方の意識からキャリア支援を考えることの重要性

　ここで，第2節で挙げた3つの分析課題に対する知見をまとめる。
　ひとつめの「1997年〜2013年における大学生のライフコース展望はどのように変化しているのか」についての特筆すべき知見としては，女子学生の「家庭志向」が，16年間4時点をとおして高まりつづけていることである。大学卒業後の女子学生の就職率は75.8％となっており[1]，女子学生の多くが就職する時代である。就職難との関係を指摘する説もあるが，女子学生の「家庭志向」が高まりを見せている調査時点での就職率は決して悪くはない[2]。また，2007年，2013年調査の対象となった大学生たちは，初等，中等教育段階でキャリア教育を受けてきた世代でもあり，以前の時代と比べ，幼いうちから「仕事」を意識する機会は多かったのではないかと考えられる。にもかかわらず，女子学生たちが仕事よりも家庭中心のライフコースに魅力を感じるのはなぜなのだろうか。これにはいくつかの仮説が考えられるが，1986年の男女雇用機会均等法施行以降に社会進出を果たした女性たちが，仕事と家庭の両立に苦労している姿を見ながら育ってきていることも無関係ではないだろう[3]。就業継続にあたっての家庭内の夫と妻の家事分担のイメージは，現代の女子学生たちにとってどのようなものであるのかも含め，今後も調査を継続していく必要がある。
　一方で，男子学生がパートナーに求めるライフコース展望には16年間，目立った変化はみられていない。この16年間の将来展望に対する男女間の意識の変化には，大きな温度差が存在しているものと考えられる。
　2つめの「男女間のライフコース展望の関係性はどのようになっているのか」については，パートナーに「仕事志向」を望む女子学生，「家庭志向」を望む男子学生という姿が浮き彫りとなった。女子学生では，自分自身が「仕事志向」であっても，パートナーに「仕事志向」を希望する割合が6割近くとなっており，夫に「専業主夫」ではなく「共働き」を希望している様子がうかがわれている。

3つめの「ライフコース展望と性別役割分業意識との関連はどのようになっているか」については，「夫は外で働き，妻は家庭で家事・育児」といった性別役割分業意識に対して，女子学生の8割，男子学生の7割が「反対」しているという結果となっている。しかし，ライフコース展望との関係をみてみると，女子学生は性別役割分業に反対しつつも自分は「家庭志向」を望んでいる割合が35.7%（表8-3），男子学生で性別役割分業に反対しつつも相手には「家庭志向」を望んでいる割合が35.5%となっており（表8-4），女子学生においては，性別役割分業に反対しているにもかかわらず，その権利（＝経済活動の放棄）は受け入れ，義務（＝家事育児）は放棄する，男子学生においては，経済活動の一方的な負担に対しては反対する一方で，家事育児中心のライフコースをパートナーに求める，といった「美味しいとこ取り」の傾向もみてとれる。
　このように，性別役割分業には否定的な意識をもちつつも，「家庭志向」のライフコースを希望する女子学生とパートナーに「家庭志向」を望む男子学生といった姿からは，現代社会において専業主婦を養うのは難しいことを考えると，「男女の意識のミスマッチ」というよりは，「希望と現実とのミスマッチ」が将来的に起こることも予想される。
　働く女性が当たり前になり，パートナーとの家事分担，育児に積極的な男性を指す「イクメン」というワードが話題になっている現代において，なぜこのような傾向が確認されるのだろうか。女子学生は就職の先の結婚・出産についてはしっかりとイメージしているが，そこに就業継続という展望に「大変さ」のイメージがつきまとい，希望をもつことができなくなっている可能性が考えられる。一方，男子学生にとっては，就職以降のライフイベントはまだ漠然としたイメージしかもてず，就職するところまでで，将来展望を描く筆が止まってしまっているのではないかということが考えられる。
　このような，男女のライフコース展望の関係性の実態から考えると，大学生のキャリア支援の際には男女双方に対して，社会の現実と将来のライフイベント，パートナーとの関係といったライフコース全体をイメージすることができる支援策が必要であるものと思われる。「就職」をキャリア支援，ひいては，

大学教育のゴールと考えるのではなく，大学生のキャリア展望とジェンダーの関連性を把握し，大学におけるキャリア支援策に取り入れる作業が急務であると考えられる。このようなジェンダーの視点を取り入れたキャリア支援を進めることによって，ジェンダー規範の枠にとらわれない柔軟な人生設計が可能となり，非婚化や少子化といった社会的な問題に対しての突破口となる可能性も出てくるのではないだろうか。

【付記】本章の一部は，日本学術振興会科学研究費26381147（平成26～28年度「大学における有効なキャリア支援に向けての実証的研究—ジェンダーの視点からの分析」（研究代表・谷田川ルミ））の助成を受けたものである。

注：
1) 卒業者に占める就職者の割合。出典は文部科学省ホームページ「平成26年度学校基本調査（速報）」http://www.mext.go.jp/component/b_menu/houdou/_icsFiles/afieldfile/2014/08/07/1350732_03.pdf（2014年12月20日閲覧）。
2) 本調査の実施時点と大学生の就職（内定）率（4月時点）の変化については下図のとおりとなっている。女子学生の「家庭志向」が上昇傾向となった2007年，2013年においてはいずれも就職内定率は上昇傾向にあった。

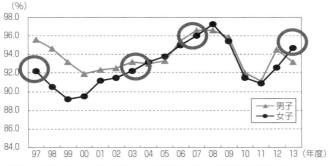

資料）文部科学省・厚生労働省「大学等卒業者の就職状況調査」より

3) 各調査時点に調査対象となった大学生の親世代と生育時の社会背景については下表のとおりとなっている。2007年，2013年調査の対象となった大学生の母親世代はちょうど男女雇用機会均等法世代である。

調査年度		97年調査対象者	03年調査対象者	07年調査対象者	13年調査対象者
生年		1975～1979年ごろ	1981～1985年ごろ	1985～1989年ごろ	1991～1995年ごろ
年齢（2014年時点）		34～39歳	29～33歳	27～31歳	19～23歳
社会経済状況	バブル景気（1986～1991年）	小学生～中学生	幼児～小学生	誕生～幼児期	誕生前～誕生
	「失われた10年」（1992～2002年）	高校生～大学生	中学生～高校生	小学生～中学生	乳・幼児期
	景気回復期（2003～2007年）	20代半ば～30歳前後	大学生～20代半ば	高校生～大学生	小学生～中学生
	リーマンショック・震災復興（2008～2013年）	30代前半～30代半ば	20代半ば～30代前半	大学卒業～20代半ば	高校生～大学生
親の世代（2013年時点）		60代前半～60代後半くらい	50代後半～60代半ばくらい	50代前半～50代後半くらい	40代半ば～50代半ばくらい

※1 調査対象者は大学1～4年生が中心であるため、対象者の年齢には4年程度の幅を持たせている
※2 網掛けは調査時点

終　章
有効なキャリア支援への示唆
── ジェンダーの視点の重要性

第1節　現代の大学生のキャリア展望にかかわる全体像

　本書においては，第1章から第8章を通して，現代の日本の大学におけるキャリア支援の課題を析出し，整理することを目指して，大学生の生活と意識を実証的に分析し，検討を行ってきた。本節においては，これらの分析を総合的に解釈し，現代の大学生におけるキャリア意識にかかわる全体像をまとめていく。

　大学生のキャリア意識の醸成には，大学の授業によって社会人としての基礎教養や態度を修得することに加え，自らのもつジェンダー意識の影響が大きくかかわっている。「キャリア＝人生全体の経路」と考えると，大学卒業後の職業選択と同時に，結婚や出産・育児といった人生のイベントも考慮せざるを得ない。ここにはジェンダーを基軸とした役割分担を選択する必要性があるため，将来のライフコース展望を考える際には否応なくジェンダーにかかわる意識がかかわってくることになる。本書による分析の結果，性別，大学ランク関係なく，ジェンダー意識と将来のライフコース展望とは密接に関連していることが明らかとなった。女子学生においては，入学難易度の高い女子学生ほど「結婚＋仕事」というライフコースを希望している傾向がみられた。しかし，経年で比較してみると，この数年の間に，大学入学難易度にかかわらず「仕事志向」から「家庭志向」へとシフトしてきていることが確認できる。一方，男子学生が将来のパートナーに望むライフコースとして「相手の好きなように」「（相手が）趣味に打ち込む」といった「相手次第」のライフコースを望んでいる割合

が高いことが明らかとなった。今回は男子学生に対しては，将来のパートナーに希望するライフコースを聞くことしかできなかったが，家事・育児の分担，家庭と仕事とのバランスといったことから考えると，将来のパートナーのライフコースはそのまま男子学生自身のライフコースを反映することになると考えられる。

　以上のように，大学生が自分自身の将来のライフコース＝キャリアに関する意識の形成には，幼少時からの文化の連続性やどこの大学に入るかといった入学時に背負っている条件にも左右されるが，それ以上に，大学内部での勉学や学生生活をとおしてのさまざまな経験が大きく影響している。また，この過程

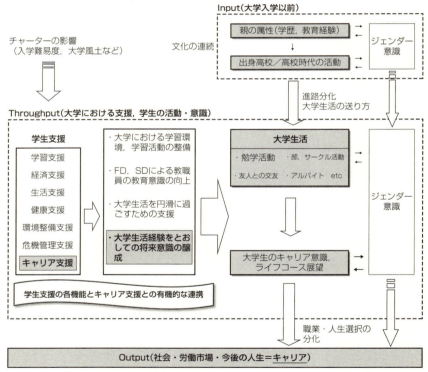

図終-1　現代の大学生の大学生活とキャリアにかかわる全体像
　　　　（※　　　　で示した部分が本書で検討した部分）

においては，ジェンダー意識の有りようが将来のライフコース展望への意識を強く規定している。ジェンダー意識と将来のライフコース展望の関係の強さは以前から指摘されてきたことであるが，本書の分析においては，大学生のジェンダー意識は，現代の社会背景や若者文化を反映したその世代独特のものとなって彼らの将来展望に影響を与えていることが明らかとなった。

　これまでの分析結果で明らかにされた事柄について，序章で示した分析概念図に付け加えたものを図終-1に示し，本論全体のまとめとしたい。なお，ジェンダー意識については，図式化が難しいため，内部構造の詳細は省略し，Input － Throughput － Output の縦軸との関わりのみを示している。

第2節　ジェンダーの視点を取り入れたキャリア支援の必要性

　本書の分析からは，大学生のライフコース展望（＝キャリア意識）には，ジェンダーにかかわる意識が大きくかかわっていることが改めて明らかとなった。また，彼らのジェンダー意識やライフコース展望には「ラク」「自由」をベースとした「家庭志向」や「保守性」といった，義務は放棄して権利は得たいという「性別役割分業の美味しいとこ取り」といった特徴が見受けられている。こうした現状から，キャリア支援を行う際には，これまで，とくに女子学生向けに行われてきたような，「仕事」「職業」を意味する「キャリア」へと導く支援を行うだけはなく，ジェンダーの視点から，労働や福利厚生にかかわる法律や地域，職場等の育児支援の現状，就業継続／非継続の場合の生涯収入の違い，日本社会における平均年収といった生活と労働にかかわる基礎的な知識を伝えることも，キャリア支援の重要な課題として挙げられる。こうした課題に取り組むことによって，女子学生たちが，ただ「ラク」や「自由」に流れた結果のライフコース展望を抱くことなく，また，男子学生が漫然と「相手志向」の展望を抱くこともなく，より現実的なキャリアを考えることが可能になるものと考えられる。また，こうした視点からのキャリア支援は，社会で活躍して

いる女性の卒業生の講演やキャリアアップ講座等のかたちで女子大学などで多く行われてきた傾向があるが，女子大学のみならず，共学大学にもジェンダーの視点を取り入れたキャリア科目や講演などを積極的に導入する必要性も考えられる。

　加えて，「ジェンダー」は「女性のための」という意味ではなく，ライフコース上に現れる「男女の関係性」を考えるという概念である。そのため，キャリア関連の科目については，「女子学生向け」の講義や講座ではなく，男女双方が受講できるような体制を整えることも課題として挙げられる。女子学生，男子学生双方に対し，キャリア支援を行うことで，彼らが職業選択をする際に，育児・出産休暇などの企業の福利厚生にも目を向ける契機にもなり，学生自身にとってもただ企業の一員として労働するだけではなく，労働者としての権利を能動的に自覚する立場としての視点を養うことにもつながる。たとえば，男女共同参画社会におけるワーク・ライフ・バランスの考え方や「働くこと」にかかわる労働法規，待機児童や親の介護などの社会問題などを扱った講義や講演を設定し，男女双方が受講し，それぞれの立場から一緒に「自分のこと」として考える機会を作るといったことも一例として考えられる。こうした大学側，学生側の意識の変化によって，企業がジェンダー平等を意識した福利厚生の導入を検討する方向へとつながる可能性もあるだろう。

　大学生の就職問題，大学におけるキャリア支援の課題を解決するためには，国，大学，学生，社会の相互の連携が必要不可欠である。日本国内の経済状況も先の見えない状況が続くのと同時進行で，グローバリゼーション，情報化の波は容赦なく広がってきている。現在の大学生たちはこのような閉塞的でありつつも，自由度が高く，かつ，変化の速度の速い社会に生きている。それゆえに，自分自身のアイデンティティの軸を構築することが難しく，先の見通しを立てづらい状況に置かれている。大学生たちは，こうした中で，将来のキャリアについて考えなければならないという難しい課題を背負っている。本書で行った分析結果から浮かび上がった「自由」「ラク」「相手次第」といった大学生が抱いている将来に関する意識には，「頑張っても報われないかもしれない」

といった，現代の厳しい社会を生き抜く彼らなりの抵抗と適応の結果とみることもできる。しかし，こうした彼らのキャリアに対する意識が，結果としてその場凌ぎや現実妥当性のない人生選択となってしまわないよう，また，特定の世代に社会経済状況のツケが回らないよう，社会への出口にあたる大学においてはその機能を十分に生かし，グローバリゼーション，情報化社会を生き抜くことのできる知恵を身につけることを可能にするキャリア支援を行うことが必要であるものと思われる。

第3節　今後の課題

　本書の分析においては，いくつかの課題が残された。
　ひとつめの課題として，現時点での各大学における，実際のキャリア支援の取り組みについての分析ができなかったことである。刻一刻と変貌が激しい事柄であるだけに，難しい課題ではあるが，事例研究として位置づけ，いくつかの大学の実践事例や担当者に対するインタビュー調査を行うことによって，キャリア支援や大学教育が抱える新たな問題点を発見することにもつながるものと考えられる。
　ふたつめの課題としては，本書ではアンケート調査の結果を用いて主に量的な分析を中心に行ったため，ひとつひとつの知見に対して深い解釈を加えるまでには至らなかった。今後，大学生に対するインタビュー調査等，質的な調査方法を用いて，より深く，大学生のキャリアとジェンダーのメカニズムを明らかにする必要がある。
　2015年現在，経済状況は明るいと言われつつも，若い世代にとっては厳しい時代は続いている。今後も大学生の生活と意識に関する継続した調査を行い，彼らの意識の変容を注意深く追跡することをとおして，社会と学生の変化に柔軟に適合したキャリア支援策を模索・実行する必要がある。

あとがき

　本書は，筆者が2012年に上智大学に提出した博士学位論文『現代日本の大学におけるキャリア支援の課題に関する実証的研究』を大幅に加筆修正したものである。もともとはⅢ部9章構成であったもののうち，本書のタイトルとなっている「大学生のキャリアとジェンダー」をテーマとして書いた部分を再構成し，一部，博士論文執筆後に書いた新たな論文を手直しして加えたかたちとなっている。

　本書における初出論文は以下のとおりである。

第1章　「戦後日本の大学におけるキャリア支援の歴史的展開」『名古屋高等教育研究』第12号，2012.
第2章　「戦後日本の大学における女子学生に対するキャリア支援の歴史的展開」『The Basis』Vol. 3，武蔵野大学教養教育リサーチセンター，2013.
第3章　書き下ろし
第4章　「現代女子学生における「女性性」意識に関する実証的分析—ライフコース展望，入学難易度との関連に注目して—」2007年度上智大学総合人間科学部教育学専攻提出修士論文.
第5章　「伝統的なジェンダー観を支持する女子大学生の特性」『上智大学教育学論集』第43号，上智大学総合人間科学部教育学科，2009.
第6章　「若年女性の家庭志向は強まっているのか—女子学生のライフコース展望における10年間の変化—」『年報社会学論集』第23号，関東社会学会，2010.
第7章　書き下ろし
第8章　「現代大学生のキャリアとジェンダー—女子学生と男子学生の意識の関係性の分析—」『現代の学生文化と学生支援に関する実証的研究』

武内清（研究代表）平成24〜26年度日本学術振興会科学研究費補助金（基盤研究（B））最終報告書，2015.

「大学生のキャリアとジェンダー」は，筆者が修士課程に入学した当初からの研究テーマである。均等法世代の背中を追いかけつつ社会人生活を送り，結婚し，紆余曲折の末に大学院進学を果たした筆者にとって，人生の岐路における選択の積み重ねの結果でもある「キャリア」，そして女性としての生き方を考える枠組みでもある「ジェンダー」については，身につまされるテーマであった。加えて，修士課程に入学した2000年代前半は，日本の大学生たちの就職難がピークであった頃でもあり，より一層，その思いは強くなった。実際，当時から参加していた「大学生文化研究会」が行っていた大学生を対象としたアンケート調査の結果からも，社会状況の変化に翻弄される大学生の姿が垣間見えた。彼らの未来が少しでも明るくなることを考えつつ，本書の元となる研究を積み重ねていった。

さて，本書につながる一連の研究を進めるにあたっては，多くの方々にお世話になった。

まず，そして何より，修士から博士課程3年までの6年間，指導教授としてご指導くださった武内清先生に心より御礼を申し上げたい。一般的な院生とは異なる属性を背負った私の指導をお引き受けくださり，多くの貴重な研究の場を与えていただいたことには，感謝してもし尽くせない。この博士論文は武内先生のご指導が基盤となって完成したといっても過言ではない。深く感謝申し上げたい。

また，博士論文の主査の北村友人先生には大変お世話になった。博士課程4年目で書きかけの博士論文を抱えていた私の指導をお引き受けくださり，2年で完成にまで導いていただいた。北村先生と出会えたことは，私にとって大変幸運なことであった。心より御礼を申し上げたい。

湯川嘉津美先生，杉村美紀先生には，修士論文の審査から引き続いて副査を

お引き受けいただいた。修士の頃からご指導いただいた先生方に博士論文を見ていただけたということは，本当に心強く，安心して執筆を進めることができた。感謝申し上げたい。

東京大学大学総合教育研究センターの小林雅之先生には，修士課程に入学した頃より，非常勤講師として大学院のゼミや研究会でご指導いただき，博士論文でも副査をお引き受けいただいた。お忙しいにもかかわらず，細かいところまでご指導いただき，有益なコメントをくださったことに感謝申し上げる。

本書の核となっている大学生調査の分析に対しては，大学生文化研究会のメンバーの皆様から多くのご指導をいただいた。筆者は，この研究会のメンバーの方々に育てていただいたようなものである。とりわけ，武蔵野大学の岩田弘三先生には，研究する姿勢や分析の視角，量的研究の基礎など，丁寧にご指導いただいた。心より感謝申し上げたい。

そして，忘れてはならないのが大倉健太郎先生である。筆者が社会人を経て，玉川大学に在籍していた頃から大変お世話になった。大倉先生との出会いがなければ，研究の道に進むこともなかった。あれから10年以上が経つが，その間，常に見守っていただき，前向きな励ましの言葉をかけ続けてくださったことに深謝したい。

本書の出版にあたっては，学文社の落合絵理さんに大変お世話になった。出版の相談から内容に至るまで，的確なアドバイスをいただいた。深く感謝申し上げたい。

そして，何よりも両親と夫に感謝したい。とくに，妻のまさかの大学院進学によって生活が大きく変わってしまったにもかかわらず，文句ひとつ，嫌な顔ひとつせずに見守ってくれた夫には，本当に感謝している。また，常に暖かく見守り続けてくれた父母にも心より感謝したい。博士論文を書き上げ，本書の構想を練っている最中に父は鬼籍に入ってしまい，完成を見せることができなかったのが残念である。一人娘の研究成果を大変楽しみにしていた人であった

ので，きっと天国でも喜んでくれていることと思う。本書を捧げて感謝を伝えたい。

　最後に，調査に協力してくださったすべての方々に心から感謝申し上げる。本書の研究が少しでもこれからの大学教育に寄与することを願ってやまない。

　2016年1月

谷田川　ルミ

引用・参考文献

阿部精吾　1984　「昭和五十八年度の就職状況と五十九年度の動向について」『大学と学生』218号．pp.29-35．
相原総一郎　2007　「大学教育のジェンダー効果」山田礼子研究代表『転換期の高等教育における学生の教育評価の開発に関する国際研究』平成16-18年度科学研究費補助金研究基盤研究（B）研究成果報告書．pp.73-84．
赤羽孝久　1985　「就職指導体制の充実」『大学と学生』231号．pp.37-39．
天野正子　1986　『女子高等教育の座標』垣内出版．
天野正子　1988　「「女性と教育」研究の現代的課題―かくされた「領域」の持続」『社会学評論』155号．pp.266-283．
浅野富美枝　2010　「未婚，晩婚，非婚の何が問題か―希望する人生選択が可能な社会へ」『結婚―女と男の諸事情』明石書店．pp.30-38．
Astin, Alexander W.　1993　*What Matters in College? Four critical years revisited*, Jossey-Bass.
Butler, J.　1990　*Gender Trouble: Feminism and the Subversion of Identity*, Routledge.（＝1999 竹村和子訳『ジェンダー・トラブル』青土社）．
千葉俊男　1978　「就職指導に当たって」『厚生補導』146号．pp.46-52．
Clausen, John A.　1986　*The Life Course: A Sociological Perspective*, Prentice Hall.（＝1987 佐藤慶幸・小島茂訳『ライフコースの社会学』早稲田大学出版部）．
Connell, R. W.　1987　*Gender and Power: society, the person and sexual politics*, Stanford University Press.（＝1993 森重雄・菊地栄治・加藤隆雄・越智康司訳『ジェンダーと権力―セクシュアリティの社会学』三交社）．
大学基準協会編　1958　「大学における厚生補導」『大学基準協会会報』36号．pp.73-126．
醍醐朝美　1987　「大学生の就職―昭和六十一年度の状況と六十二年の展望」『大学と学生』258号．pp.14-19．
独立行政法人日本学生支援機構　2006　『大学等における学生生活支援の実態調査』．
江原由美子編　2006　『ジェンダーと社会理論』有斐閣．
Elder, Glen H.　1974　*Children of the Great Depression: Social Change in Life Experience*, University of Chicago Press.（＝1986 本多時雄・川浦康至ほか訳『大恐慌の子どもたち社会変動と人間発達』明石書店）．
Felsted, Leona W.　1953　「高等教育における女子学生に対する助育業務」文部省大学学術局学生課編『学生助育総論』pp.219-227．
Fiske, J.　1991　*Reading the Popular*, Routledge.（＝1998 山本雄二訳『抵抗の快楽―ポピュラーカルチャーの記号論』世界思想社）．
藤本喜八　1953　「大学における職業相談の問題」『学生生活時報』2号．pp.2-8．
藤村正司　1995　『マイヤー教育社会学の研究』風間書房．

藤村正之　2006　「若者世代の「男らしさ」とその未来」阿部恒久・大日方純夫・天野正子『「男らしさ」の現代史』日本経済評論社，pp.191-227.
藤原貞雄　2002　「ニーズにあったキャリア・デザイン教育とは何か」『大学と学生』456号，pp.25-31.
深谷昌志　1990　『増補良妻賢母主義の教育』黎明書房．
元治恵子・片瀬一男　2008　「性別役割意識は変わったか―性差・世代差・世代間伝達」片瀬一男・海野道郎編『〈失われた時代〉の高校生の意識』有斐閣，pp.119-142.
玄田有史・曲沼美恵　2004　『ニート―フリーターでもなく失業者でもなく』幻冬舎．
玄田有史・小杉礼子　2005　『子どもがニートになったなら』日本放送出版協会．
Goffman, Erving　1959　*The Presentation of Self in Everyday Life*, Doubleday Anchor Books.（＝1974 石黒毅訳『行為と演技』誠信書房）．
濱田勝宏　1984　「女子学生と就職」『大学と学生』218号，pp.19-23.
濱嶋幸司　2002　「女子学生の通過した選抜と将来志向―高学歴女性の意識分化形成に関する一考察」『上智大学社会学論集』26号，pp.77-95.
浜島幸司　2005　「大学生は「生徒」である．それが，なにか？」『上智大学社会学論集』29，191-208.
浜島幸司　2009　「学生の時系列変化―3時点（1997年・2003年・2007年）の変化」武内清（研究代表）『キャンパスライフと大学の教育力―14大学・学生調査の分析』（平成19～21年度文部科学省研究補助金報告書），5-11.
濱中淳子　2011　「女子学生の「まじめさ」を問う」『IDE 現代の高等教育』534号，pp.61-65.
濱中義隆　2007　「現代大学生の就職活動プロセス」小杉礼子『大学生の就職とキャリア―「普通」の就活・個別の支援』勁草書房，pp.17-49.
羽石寛寿・安久典宏・西岡久充　2007　「大学におけるキャリア支援教育の研究」『経営情報研究』15（2），pp.89-108.
原田大吉　1991「立教大学における進路相談」『大学と学生』307号，pp.12-16.
林未央　2007「進路の男女差の実態とその規定要因」『Crump Working Paper Series』24.
樋口美雄　1991　『日本経済と就業行動』東洋経済新報社．
一橋大学編　2003　『学生支援　現状と課題』一橋大学．
本田由紀　2008　『「家庭教育」の隘路―子育てに強迫される母親たち』勁草書房．
本田由紀　2009　『教育の職業的意義―若者，学校，社会をつなぐ』ちくま新書．
本田由紀　2010　「大学でキャリア教育が可能なのか」『IDE』2010年6月号，pp.36-41.
堀靖之　1988　「就職指導の現状」『大学と学生』270号，pp.35-37.
堀有喜衣　2007　「大学の就職・キャリア形成支援の現状と課題」小杉礼子『大学生の就職とキャリア―「普通」の就活・個別の支援』勁草書房，pp.51-75.
細川和仁　2006　「大学生にとっての授業・指導と学習支援」『秋田大学教養基礎教育研究年報』8号，pp.1-9.
池田弥三郎　1962　「大学女禍論―女子学生世にはだかる」『婦人公論』（1962年4月号），pp.46-48.

今田幸子　1985　「女性の職業経歴と教育達成―ライフ・ヒストリー・アプローチから」『教育社会学研究』第40集，pp.50-64.
井上龍太　1991　「西南学院大学における就職指導について」『大学と学生』307号，pp.17-21.
井上義和　2005　「大学教育における第一世代問題の構造―私立中下位3大学の調査結果から」『大学教育学会誌』第27巻第1号，pp.25-30.
伊勢田鈴子　1972　「就職業務の窓口から」『厚生補導』75号，pp.39-42.
石井完一郎　1974　「スクール・カウンセリングの発展過程について―米国大学発展史の一側面」『京都大学学生懇話室紀要』4号，p.34.
石川陽治　1987　「女子学生の就職」『大学と学生』258号，pp.20-25.
石岡学　2007　「1920年代における学校教育に対する職業指導導入の論理：社会政策としての職業指導と教育政策としての職業指導」『教育學研究』74 (1)，pp.1-12.
伊藤文男　2007　「正課科目を通じたキャリア支援：先進大学の実践」『大学のキャリア支援―実践事例とキャリア支援』経営書院，pp.77-123.
伊藤茂樹　1999　「大学生は『生徒』なのか―大衆教育社会における高等教育の対象」『駒沢大学教育学研究論集』15，pp.85-111.
岩永雅也　1983　「若年労働市場の組織化と学校」『教育社会学研究』第38集，pp.134-145.
岩田弘三　1999a　「学生文化形成についての大学間比較に関する研究」『大学教育研究』7号，pp.1-19.
岩田弘三　1999b　「学生文化形成についての大学間比較に関する研究」武内清編『学生文化の実態，機能に関する実証的研究』（文部科学省科学研究費報告書），pp.14-29.
岩田弘三　2010　「現代の学生文化」稲垣恭子編『教育文化を学ぶ人のために』世界思想社，pp.26-53.
Jilian Kinzie 著，江原昭博訳　2007　「米国の高等教育における学生調査とIRの拡大する役割」山田礼子研究代表『転換期の高等教育における学生の教育評価の開発に関する国際研究』平成16-18年度科学研究費補助金研究基盤研究 (B) 研究成果報告書，pp.149-165.
角方正幸・松村直樹　2006　「大学に求められるキャリア支援教育」『大学教育学会誌』28 (1)，pp.53-56.
金子元久　2007　『大学の教育力―何を教え，学ぶか』ちくま新書．
金子元久　2008　「学生支援の新時代」『文部科学時報』1586号，pp.50-51.
金子元久　2010　「大学とキャリア教育―小道具と本筋」『IDE』2010年6月号，pp.5-10.
神田道子・亀田温子他　1985　「「女性と教育」研究の動向」『教育社会学研究』第40集，pp.87-107.
加野芳正　2009　「女性のキャリア支援と大学教育」加野芳正・葛城浩一編『大学におけるキャリア支援のアプローチ（高等教育研究叢書101）』広島大学高等教育研究開発センター，pp.39-53.
加野芳正・葛城浩一編　2009　『大学におけるキャリア支援のアプローチ』広島大学高等教育研究開発センター．
苅谷剛彦・石田浩・菅山信次編　2000　『学校・職安と労働市場―戦後新規学卒市場の制度

化過程』東京大学出版会.
苅谷剛彦・本田由紀編　2010　『大卒就職の社会学―データからみる変化』東京大学出版会.
笠木三郎　1982　「「厚生補導」の思い出」『厚生補導』190号，pp.27-31.
葛西叡治　1987　「方針・体制・指導の実際―青山学院大学」『大学と学生』258号，pp.36-38.
片桐新自　2009　『不安定社会の中の若者たち―大学生調査から見るこの20年』世界思想社.
片岡栄美　1998　「地位形成に及ぼす読書文化と芸術文化の効果―教育・職業・結婚における文化資本の転換効果と収益」片岡栄美編『文化と社会階層（SSM調査シリーズ18）』1995年SSM調査研究会，pp.171-191.
片岡栄美　2001　「教育達成過程における家族の教育戦略」『教育学研究』第68巻第3号，日本教育学会，pp.259-273.
片瀬一男　1997　「美貌という戦略―女子大学生の就職活動における業績性と女性性」『社会学年報』第27号，pp.171-194.
片瀬一男　2004　「文化資本と教育アスピレーション―読書文化資本・芸術文化資本の相続と獲得」『人間情報学研究』第9号，pp.15-30.
片瀬一男　2006　「ハビトゥスとしての読書の力―東北学院大生の図書館利用と学業成績」『東北学院大学教育研究所報告書』第6号，pp.23-54.
川喜多喬　2007　「学生へのキャリア支援：期待と危惧と」『大学のキャリア支援―実践事例とキャリア支援』経営書院，pp.193-229.
河野銀子　2003　「大学大衆化時代における'First-Generation'の位相」『山形大学紀要（教育科学）』第13巻第2号，pp.127-143.
河野銀子　2006　「大学第一世代の進路選択」濱名陽子研究代表『ユニバーサル段階における"大学第一世代"への学習支援に関する基礎的研究』平成15～17年度科学研究費補助金基盤研究（B）研究成果報告書，pp.83-97.
吉川徹　1998　「性別役割分業意識の形成要因―男女比較を中心に」『1995年SSM調査シリーズ14』1995年SSM調査研究会，pp.49-70.
吉川徹　2001　「ジェンダー意識の男女差とライフコース・イメージ」『現代高校生の計量社会学』ミネルヴァ書房，pp.107-126.
菊地栄治・加藤隆雄・越智康司・吉原惠子　1993　『女子学生文化に見るジェンダーの現代的位相』（調査報告書）．
木村涼子　1999　『学校文化とジェンダー』勁草書房．
木村涼子　2005　『ジェンダー・フリー・トラブル―バッシング現象を検証する』現代書館．
木村涼子　2010　「身を立てる男と駆り立てる女」苅谷剛彦他編『新版教育の社会学〈常識の問い方，見直し方〉』有斐閣，pp.163-177．
King, Ronald　1973　*School organisation and pupil involvement: a study of secondary schools*, Routledge and Kegan Paul.
喜多信雄　2002　「労働経済情勢の変化と学生の進路選択について」『大学と学生』456号，pp.17-24.
小林雅之　2008　『進学格差―深刻化する教育費負担』ちくま新書．

小林雅之　2009　『大学進学の機会―均等化政策の検証』東京大学出版会．
小玉小百合　2007　「正課外のキャリア支援：学生参画によるキャリア支援の実践」『大学のキャリア支援―実践事例とキャリア支援』経営書院，pp.124-151．
児美川孝一郎　2007　『権利としてのキャリア教育』明石出版．
Komives, Susan R. and Dudley B. Woodard, Jr.　1996　*Student Services: A Handbook for the Profession*, 3rd ed., Jossey-Bass.
近藤章雄　2004　「湘北短期大学キャリアサポート課の取組―グループ・アプローチの活用による「自己開発プログラム」」『大学と学生』pp.43-51．
小関芳昭　1979　「就職指導雑感」『厚生補導』161号，pp.35-42．
小杉礼子　2001　「無業・フリーターの増加とキャリア教育」『大学と学生』437号，pp.7-13．
小杉礼子　2010　「キャリア形成の視点からみた大学教育」『IDE』2010年6月号，pp.10-15．
小杉礼子　2007　「大学生の就職プロセスの現状と大学の役割」『大学生の就職とキャリア―「普通」の就活・個別の支援』勁草書房，pp.1-15．
小杉礼子　2007　『大学生の就職とキャリア「普通」の就活・個別の支援』勁草書房．
厚生省　1998　『厚生白書　平成10年版』厚生省．
厚生労働省　2003　「若者の未来のキャリアを育むために若年者キャリア支援研究会報告書（要旨）」『労務研究』56（11），pp.13-22．
厚生労働省　2008　『平成20年版　働く女性の実情』．
厚生労働省商業能力開発局　2002　「キャリア形成を支援する労働市場政策研究会」（報告書）．
小山静子　1991　『良妻賢母という規範』勁草書房．
小柳晴夫　1987　「国大協『会報』からみた国立大学学生相談の歴史」『学生相談研究』8巻，pp.42-49．
Kuh, G.D.　2003　"The National Survey of Student Engagement: Conceptual Framework and Overview of Psychometric Properties", *Framework & Psychometric Properties*, pp.1-26.
Kuh, G.D.　2001　"Assessing what really matters to student learning: Inside the National Survey of Student Engagement", *Change*, 33（3），pp.10-17.
國眼眞理子・松下美知子・苗田敏美　2005　「文系学部生の大学生活満足度・充実度と職業イメージとの関連―キャリア支援のための予備的検討」『金沢大学大学教育開放センター紀要』第25号，pp.69-84．
黒羽亮一　1978　「社会の構造変化と大卒者の就業構造」『厚生補導』146号，pp.2-11．
葛城浩一　2011　「日本における学生支援活動の歴史的変遷」加野芳正・葛城浩一編『学生による学生支援活動の現状と課題』広島大学高等教育研究開発センター，pp.17-32．
京都大学高等教育研究開発推進センター編　2003　『大学教育学』培風堂．
丸山文裕　1980　「大学生の職業アスピレーションの形成過程―チャーター理論による大学の効果分析」『名古屋大学教育学部紀要』第27巻，pp.239-249．
丸山文裕　1981　「大学のチャータリング効果に関する一考察」『IDE 現代の高等教育』219（4），pp.72-80．
丸山文裕　1981　「大学生の就職企業選択に関する一考察」『教育社会学研究』第36集，pp.101-111．

松田恵示　1998　「演技する―役割としての〈男〉と〈女〉」伊藤公雄・牟田和恵編『ジェンダーで学ぶ社会学』世界思想社．pp.112-125．
松田茂樹　2005　「性別役割分業意識の変化―若年女性に見る保守化のきざし」『LifeDesign Report』2005年9月号．pp.24-26．
松田茂樹　2009　「不況と少子化―景気後退によって結婚・出産意欲は低下するのか」『LifeDesign Report』2009年7月号．pp.16-27．
松水征夫　2003　「就職支援からキャリア形成支援へ―広島大学学生就職センターの歩み」『大学と学生』468号．pp.15-21．
Meyer, J.W.　1977　"The Effects of Education as an Institution", *American Journal of Sociology*, 83 (1), pp.55-77.
Meyer, J.W.　1970　"The charter: condition of diffuse socialization in schools", Scott, W.R. ed., *Social Processes and Social Structures*, Holt Rinehart and Winston, Inc, pp.564-578.
民主教育協会近畿支部大学制度研究会編　1958　『日本の大学における学生補導厚生活動の調査報告』IDE教育資料第16集．
三浦展　2005　『「かまやつ女」の時代：女性格差社会の到来』牧野出版．
三輪輝夫　1973　「大学生の職業観と就職の実態」『厚生補導』87号．pp.45-60．
宮地貫一　1982　「「大学と学生」の発刊に当たって」『厚生補導』191号．pp.4-5．
宮本美沙子　1996　「就職と大学改革」『大学と学生』372号．pp.6-9．
宮崎あゆみ　1992　「女子高におけるジェンダー・サブカルチャー―女性性への適応と反抗の過程」『東京大学教育学部紀要』第32巻．pp.169-177．
宮崎あゆみ　1993　「ジェンダー・サブカルチャーのダイナミクス―女子高におけるエスノグラフィーをもとに」『教育社会学研究』第52集．pp.157-177．
溝上慎一　2004　『学生の学びを支援する大学教育』東信堂．
溝上慎一　2006　『大学生の学び・入門―大学での勉強は役に立つ！』有斐閣アルマ．
望月重信・近藤弘・森繁男・春日清孝編著　2005　『教育とジェンダー形成―葛藤・錯綜／主体性』ハーベスト社．
文部科学省　2000　『大学における学生生活の充実方策について―学生の立場に立った大学づくりを目指して（報告）』．
文部科学省　2006　『小学校・中学校・高等学校キャリア教育推進の手引―児童生徒一人一人の勤労観，職業観を育てるために』．
文部科学省編　2007　『平成19年度文部科学統計要覧』．
文部科学省編　2009　『平成21年度文部科学統計要覧』．
文部科学省中央教育審議会　2008　『学士課程教育の構築にむけて（答申）』．
文部科学省中央教育審議会　2009　「キャリアガイダンス（社会的・職業的自立に関する指導等）の法令上の明確化について（資料）」．
文部科学省大学審議会　2000　『グローバル化時代に求められる高等教育の在り方について（答申）』．
文部科学省高等教育局学生支援課　2008　「新たな社会的ニーズに対応した学生支援プログラム（学生支援の充実）」『文部科学時報』No.1586．pp.51-54．

文部省中央教育審議会　1963　『大学教育の改善について（答申）』.
文部省中央教育審議会　1998　『21世紀の大学像と今後の改革方策について（答申）』.
文部省中央教育審議会　1999　『初等中等教育と高等教育との接続の改善について（答申）』.
文部省学徒厚生審議会　1958　『大学における学生の厚生補導に関する組織およびその運営の改善について（答申）』.
文部省高等教育局医学教育課　2000　「大学における学生生活の充実方策について（報告）——学生の立場に立った大学づくりを目指して」.
文部省高等教育局学生課　1994　「就職指導の充実等について」『大学と学生』359号, pp.40-46.
文部省大学学術局学生課編　1953　『学生助育総論——大学における新しい学生補導』.
文部省大学学術局学生課　1957　「米国の学生補導」『大学資料』第7号, pp.9-12.
文部省大学学術局学生課　1966　「雇用対策法と学生の就職問題」『厚生補導』4号, pp.68-70.
森岡清美・青井和夫編　1991　『現代日本人のライフコース』日本学術振興会.
森玲子　2005　「広島大学のキャリア支援の取組」『大学と学生』495号, pp.13-19.
森康司　2009　「性別役割分業意識の復活」友枝敏雄編『現代の高校生は何を考えているか——意識調査の計量分析をとおして』pp.165-191.
村松幹子　2000　「女子学生のライフコース展望とその変動」『教育社会学研究』第66集, pp.137-155.
村田ひろ子　2012　「イマドキ男女の役割分担」NHK放送文化研究所編『NHK中学生・高校生の生活と意識調査2012』pp.143-163.
長尾由希子　2008　『若年男女における性別役割分業意識の変化とその特徴：高校生のパネル調査から（東京大学社会科学研究所パネル調査プロジェクトディスカッションペーパーシリーズNo.12）』東京大学社会科学研究所.
仲川秀樹　2002　『サブカルチャー社会学』学陽書房.
中井美樹　2000　「若者の性役割観の構造とライフコース観および結婚観」『立命館産業社会論集』36号第3巻, pp.117-127.
中西祐子　1993　「ジェンダー・トラック——性役割観に基づく進路分化メカニズムに関する考察——」『教育社会学研究』第53集, pp.131-154.
中西祐子　1998　『ジェンダー・トラック——青年期女性の進路形成と教育組織の社会学』東洋館出版社.
中西祐子・岩村美智恵・長嶋亜紀子・耳塚寛明　1994　「現代「女子大学」生の行動と意識——学生文化, 学歴観, ライフコース展望の分析から」『人間発達研究』19号, pp.52-66.
中田奈月　2002　「ライフコースとキャリアの再検討」『奈良女子大学社会学論集』9号, pp.75-92.
中屋健一　1957　「女子大學無用論」『週間新潮』1957年3月号, pp.90-94.
中山慶子　1985　「女性の職業アスピレーション——その背景, 構成要素, ライフコースとの関連」『教育社会学研究』40号, pp.65-86.
夏目達也　2006　「大学における学生の就職支援——就職指導からキャリア形成支援へ」『都市問題研究』58巻5号, pp.26-38.

日本リクルートセンター情報資料室　1979　「昭和54年度の就職動向」『厚生補導』161号，pp.27-34.
日本私立短期大学協会　1967　「就職指導―私立短大における厚生補導の手引 (4)」『厚生補導』14号，pp.49-57.
二井房男　1996　「短大の就職状況と短大生の就職指導」『大学と学生』372号，pp.24-32.
新津金弥　1994　「女子学生の就職問題とその対策」『大学と学生』346号，pp.22-26.
新津金彌　1997　「就職協定廃止の波紋と課題」『大学と学生』385号，pp.29-35.
西村純子　2001　「性別役割意識の多元性とその規定要因」『年報社会学論集』14，pp.139-150.
仁科幹夫　1988　「我が大学の就職指導」『大学と学生』270号，pp.38-40.
越智康詞・菊地栄治・加藤隆雄・吉原惠子　1992　「女子学生文化の現代的位相―女性内分化と女性性の両義性の視点から」『東京大学教育学部紀要』第32号，pp.119-146.
お茶の水女子大学編　1997～1999　『大学教育とジェンダーⅠ，Ⅱ，Ⅲ』お茶の水女子大学ジェンダー研究センター編.
緒方眞也　1984　「職業観の確立と社会情勢の把握を」『大学と学生』218号，pp.40-41.
緒方眞也　1997　「短大生の就職指導の抱える問題点について」『大学と学生』385号，pp.36-42.
小倉千加子　2003　『結婚の条件』朝日新聞社.
大島真夫　2012　『大学就職部にできること』勁草書房.
尾嶋史章　1998　「女性の性役割意識の変動とその要因」『1995年SSM調査シリーズ14』1995年SSM調査研究会，pp.339-360.
尾嶋史章　2000　「「理念」から「日常」へ―変容する性別役割分業意識」盛山和夫編『日本の階層システム4　ジェンダー・市場・家族』東京大学出版会，pp.217-236.
尾嶋史章　2001　『現代高校生の計量社会学―進路・生活・世代』ミネルヴァ書房.
大江淳良　2010　「"キャリア○○"の氾濫と混乱」『IDE』2010年6月号，pp.31-36.
大前敦己　2002　「キャッチアップ文化資本による再生産戦略―日本型学歴社会における「文化的再生産論」の展開可能性」『教育社会学研究』第70集，東洋館出版社，pp.165-184.
大前敦己　2007　「大学進学者の文化資本形成」『高等教育研究』第11集，日本高等教育学会，pp.25-44.
大見川敏夫　1967　「大学における就職指導の考え方―その変遷について」『厚生補導』14号，pp.35-42.
大山康宏　2003　「学生支援論」京都大学高等教育研究開発推進センター編『大学教育学』培風館，pp.135-151.
小樽商科大学地域研究会編　2010　『大学におけるキャリア教育の実践―10年支援プログラムの到達点と課題』ナカニシヤ出版.
尾崎盛光　1967　『日本就職史』文藝春秋.
Pascarella, Ernest T. and Patrick T. Terenzini　2005　*How College Affects Students: A Third Decade of Research*, Jossey-Bass.
労働政策研究・研修機構編　2007　『仕事と生活―体系的両立支援の構築に向けて』第Ⅰ期

中期計画プロジェクト研究シリーズ No.7.
労働省　1999　『平成11年度版労働経済の分析』.
労働省婦人局婦人政策課　1994　「女子学生への就職支援―男女雇用機会均等法に基づく指針の改正と就職相談窓口の設置」『大学と学生』346号, pp.27-31.
岨中達　1990　「学生相談―現在・過去・未来, または KSCA 小史」『京都大学学生懇話室紀要』20号, pp.1-6.
作田良三　2001　「「カレッジ・インパクト」モデルの比較検討」『四国学院大学論集』106号, pp.47-60.
佐藤ギン子　1980　「女子の高学歴化と職場進出」『厚生補導』172号, pp.20-28.
佐藤郁哉　1992　『フィールドワーク―書を持って街に出よう』新曜社.
佐藤龍子　2005　「国立大学法人の中期目標・中期計画にみるキャリア教育と就職・学生支援」『社会科学』75号, pp.53-73.
盛山和夫　2000　「ジェンダーと階層の歴史と論理」盛山和夫編『ジェンダー・市場・家族』東京大学出版会, pp.3-26.
島田陽一　2009　「早稲田大学におけるキャリア形成支援」『大学と学生』545号, pp.6-12.
新堀通也　1991　「厚生補導の歩み」『大学と学生』304号, pp.4-7.
白波瀬佐和子　2002　「女性の就業と階級構造」『ジェンダー・市場・家族』東京大学出版会, pp.133-155.
橘木俊詔　2008　『女女格差』東洋経済新報社.
多賀太　2005a　「ポスト青年期とジェンダー」『教育社会学研究』76, pp.59-75.
多賀太　2005b　「男性のエンパワーメント？―社会経済的変化と男性の「危機」」『国立女性教育会館研究紀要』第9号, pp.39-50.
多賀太　2006　『男らしさの社会学―揺らぐ男のライフコース』世界思想社.
高橋裕子　2002　『女らしさの社会学―ゴフマンの視角を通して』学文社.
武内清　1982　「高校生活と大学生活の関連」『モノグラフ・高校生'82』福武書店, pp.32-53.
武内清　1985　「女子の生徒文化の特質」『教育社会学研究』第40集, pp.23-34.
武内清　2008　「学生文化の実態と大学教育」『高等教育研究』第11集, pp.7-22.
武内清（研究代表）　1999　『学生文化の実態, 機能に関する実証的研究』平成8～10年度文部科学省研究補助金（基盤研究C）「学生文化の実態, 機能に関する研究」成果報告書.
武内清（研究代表）　2003　『12大学・学生調査―1997年と2003年の比較』（上智大学・学内共同研究報告書）.
武内清（研究代表）　2005　『学生のキャンパスライフの実証的研究―21大学・学生調査の分析』平成16～18年度文部科学省研究補助金（基盤研究（B））中間報告書.
武内清（研究代表）　2007　『現代大学生の生活と文化―学生支援に向けて』平成16～18年度文部科学省研究補助金（基盤研究（B））最終報告書.
武内清（研究代表）　2009　『キャンパスライフと大学の教育力―14大学・学生調査の分析』（平成19～21年度文部科学省研究補助金報告書）.
武内清（研究代表）　2010　『大学の「教育力」育成に関する実証的研究―学生のキャンパスライフからの考察』平成19～21年度文部科学省研究補助金（基盤研究（B））最終報告書.

武内清編　2003　『キャンパスライフの今』玉川大学出版部.
武内清編　2005　『大学とキャンパスライフ』上智大学出版.
武内清・深谷野亜　1996　「親の大学経験と親の教育力との関連」『上智大学教育学論集』31号，上智大学文学部教育学科，pp.50-69.
武内清・浜島幸司　2007　「ユニバーサル化時代の大学生の生活と満足度—大学類型による分析」武内清編『学生のキャンパスライフの実証的研究—21大学・学生調査の分析』，pp.6-29.
武内清・浜島幸司　2008　「大学生は『子ども社会学』の研究対象になりうるか」『子ども社会研究』14，pp.151-159.
武内清・山口晶子・谷田川ルミ　2008　「大学教育と若者文化」『上智大学教育学論集』第42号，pp.61-82.
武内清　2014　『学生文化・生徒文化の社会学』ハーベスト社.
田中宣秀・船津静代・杉村和美　2006　「大学から社会への移行問題—初年次教育からのキャリア支援の方向性を探る」『名古屋大学学生相談総合センター紀要』第6号，pp.3-10.
谷村英洋　2009　「大学生の学習時間分析—授業と学習時間の関連性」『大学教育学会誌』31巻1号，pp.128-135.
谷村英洋　2011　「大学生の学習時間と学習成果」『大学経営政策研究』第1号，pp.71-84.
谷内篤博　2005　『大学生の職業意識とキャリア教育』勁草書房.
田崎仁　1953　「大学における職業指導」『学生生活時報』2号，pp.9-18.
寺﨑昌男　2001　「高等教育カリキュラムの改革動向」『現代カリキュラム事典』日本カリキュラム学会編，pp.415-416.
暉峻康隆　1962　「女子学生世にはばかる」『婦人公論』1962年3月号，pp.277-281.
Tinto, V.　1993　*Leaving college: Rethinking the causes and cures of student attrition* (2nd ed.), University of Chicago Press.
友枝敏雄編　2009　『現代の高校生は何を考えているのか—意識調査の計量分析をとおして』世界思想社.
東京大学大学院教育学研究科大学経営・政策研究センター　2008　『全国大学生調査　第一次報告書』.
東京大学大学院教育学研究科大学経営・政策研究センター　2009　『全国大学生調査　追跡調査報告書』.
東京女子大学編　2007　『女性学・ジェンダー的視点に立つ教育展開』平成15年度文部科学省特色ある大学教育支援プログラム報告書.
トロウ，マーチン著，天野郁夫・喜多村和之訳　1976　『高学歴社会の大学—エリートからマスへ』東京大学出版会.
土屋清　1956　「就職を阻まれる女子大学生の苦悩」『婦人公論』466号，pp.60-64.
辻多聞　2007　「大学が提供すべきキャリア教育とキャリア支援について」『大学教育』第4号，pp.123-132.
都村聞人　2008　「親の教育意識が家計の教育費負担に及ぼす影響—JGSS-2006データによる分析」『JGSSで見た日本人の意識と行動』7，pp.69-80.

筒井美紀　2010　「中堅女子大生の就職活動プロセス―活動期間と内定獲得時期の規定要因」苅谷剛彦・本田由紀編『大卒就職の社会学―データから見る変化』東京大学出版会，pp.107-28.
上西充子編著　2007　『大学のキャリア支援―実践事例とキャリア支援』経営書院．
潮木守一　2002　「大学改革の現段階」『計画行政』73号，pp.39-45.
渡辺三枝子　2004　「大学における「キャリア教育」の意義―女子学生のキャリア発達支援を目指して」『大学と学生』473号，pp.14-63.
渡辺三枝子編著　2003　『キャリアの心理学　働く人の理解〈発達理論と支援への展望〉』ナカニシヤ出版．
渡辺三枝子・永井裕久編　2009　『女性プロフェッショナルたちから学ぶキャリア形成　キャリア天気の見つけ方と活かし方』ナカニシヤ出版．
八木淳　1980　「就職について」『厚生補導』173号，pp.5-12.
八木美保子　2008　「雑誌『職業指導』にあらわれた学校職業指導実践の研究（1）　1928年～1940年」『高崎商科大学紀要』23号，pp.197-207.
矢口徹也・小島佐恵子・石黒万里子　2006　「女性のキャリア形成支援に関する研究（その1）早稲田大学における女子学生の就業の現状とキャリア形成に向けた課題」『早稲田教育評論』20（1），pp.77-98.
山田浩之・葛城浩一　2007　『現代大学生の学習行動（高等教育研究叢書90）』広島大学高等教育研究開発センター．
山田昌弘　2009　『なぜ若者は保守化するのか―反転する現実と願望』東洋経済新報社．
山田礼子　2005　「学生は大学に何を期待しているのか？―学生調査をベースに」『大学コンソーシアム京都京都高等教育研究センター NEWSLETTER』No.4，pp.1-3.
山田礼子　2010　「大学教育の成果測定―学生調査の可能性と課題」『クオリティ・エデュケーション』第3巻，pp.16-32.
山口一男　1998　「女性における性別役割意識と社会階層，職歴，ライフスタイルとの関連」『1995年 SSM調査シリーズ3』1995年 SSM調査研究会，pp.123-155.
山中弘　1972　「徳島大学における就職指導の実態」『厚生補導』75号，pp.35-39.
大和礼子　1995　「性別役割分業意識の二つの次元―「性による役割振り分け」と「愛による再生産役割」」『ソシオロジ』40（1），pp.109-126.
山崎礼子　2002　「女子学生の人生に心よせた就職支援」『大学と学生』456号，pp.32-37.
谷茂岡万知子　1998　「学校教育における進路指導の歴史的展開：若年労働者のキャリア形成考察の手懸かりとして」『東京大学大学院教育学研究科紀要』38号，pp.357-364.
矢野眞和　2005　『大学改革の海図』玉川大学出版部．
矢野眞和　2005　「工学教育のレリバンス―学習慣仮説」『IDE』470号，pp.57-64.
谷田川ルミ　2007　「現代の大学生のジェンダー意識」『現代大学生の生活と文化―学生支援に向けて』平成16～18年度文部科学省研究補助金最終報告書，pp.58-69.
谷田川ルミ　2009a　「大学類型差の分析―難関大学，中堅大学，中堅女子大学，一般大学の比較」『キャンパスライフと大学の教育力―14大学・学生調査の分析』武内清（研究代表）『キャンパスライフと大学の教育力―14大学・学生調査の分析』平成19～21年度文部科学

省研究補助金（基盤研究（B））中間報告書，pp.12-35．

谷田川ルミ　2009b　「伝統的なジェンダー観を支持する女子大学生の特性」『上智大学教育学論集』43号，pp.97-110．

谷田川ルミ　2009c　「大学生の「向授業」を規定する要因」武内清（研究代表）『キャンパスライフと大学の教育力―14大学・学生調査の分析』平成19～21年度文部科学省研究補助金（基盤研究（B））中間報告書，pp.47-56．

谷田川ルミ　2009d　「大学類型差の分析―難関大学，中堅大学，中堅女子大学，一般大学の比較」武内清編『キャンパスライフと大学の教育力』，pp.12-35．

谷田川ルミ　2010　「子ども時代の経験が後年に及ぼす影響―大学生から見る勉学文化の連続性に注目して」『子ども社会研究』第16号，pp.45-58．

矢澤澄子　2004　「東京女子大学における「女性学・ジェンダー的視点に立つ教育」の特色―男女共同参画社会の実現に寄与するリベラル・アーツ教育」『大学と学生』473号，pp.34-42．

読売新聞東京本社宣伝部編　2009　『読売新聞全国調査 09 大学の実力（YOMIPACK）』読売新聞社．

吉田文研究代表　2011　『大学生の進路意識に関する調査研究報告書』早稲田大学教育総合研究所．

吉原恵子　1995　「女子大学生における職業選択のメカニズム―女性内分化の要因としての女性性」『教育社会学研究』第57号，pp.107-124．

吉原恵子　1998　「異なる競争を生み出す入試システム―高校から大学への接続にみるジェンダー分化」『教育社会学研究』第62号，pp.43-67．

索　引

あ行

I-E-O（モデル）　62, 64, 68
青田買い　21
青田刈り　39
Astin, A. W.　62-64, 69
印象操作　83
失われた10年　117, 121, 134
M字型カーブ　135
美味しいとこ取り　132, 145, 157, 158, 160, 165
男らしさ　99, 138-139, 146, 147
女らしさ　81, 82, 94, 96, 99

か行

科学的職業指導　20
格差　3, 96
学士力　5, 16
学生運動　19
学生支援　1-5, 8, 9, 14, 17, 29, 30, 33, 36, 39
学生相談　8, 19
学生調査　11
学生文化　41, 69, 70, 103, 115
葛城浩一　8
家庭志向　117, 118, 124, 125, 127-133, 135, 137, 138, 140, 142-145, 149, 151-155, 157-160, 163, 165
ガラスの天井　115, 116
カリキュラム　1, 26, 27, 33, 39, 50, 52, 69
カレッジ・インパクト　62, 63, 65, 66, 69, 70
―――モデル　68
間断なき移行　31
キャリア　3, 6, 7, 29, 31, 33, 45, 55, 77, 78, 137, 138, 148, 149, 163-165, 167
キャリア意識　25, 71, 115, 146, 147, 163, 165
キャリアガイダンス　45, 53

キャリア教育　1, 2, 6, 7, 10, 13, 29, 30, 33, 52, 53, 55, 148, 159
キャリア形成　12, 57
キャリア（形成）支援　1-3, 5, 7-9, 11, 12, 14, 17, 25, 27, 29-33, 35, 37, 45, 52, 53, 55-57, 60-62, 69, 147, 148, 159-161, 163, 166, 167
キャリアセンター　29
キャリア展望　36, 66, 80, 98
業績性　95
教養教育　10
勤労観　30
勤労観・職業観　11
クロス集計　143
クロス集計表　104, 125
計量的モノグラフ　60, 61
現代的な保守性　114
『厚生補導』　17, 18, 24, 37
厚生補導　8, 17-21, 23, 28, 36, 37, 42
高等教育政策　17
コーホート　121, 122, 133-135

さ行

サブカルチャー　83, 94
ジェンダー　2, 4, 13, 35, 39, 51, 52, 55-57, 62, 67, 69, 71, 77, 79, 99, 100, 103, 113, 120, 123, 137, 148, 150, 161, 163, 166, 167
ジェンダー意識　2, 3, 13, 14, 57, 62, 69-71, 77, 99-104, 110, 112, 115, 117, 123, 139, 142, 149, 163, 165
ジェンダー規範　36, 42, 56, 71, 161
ジェンダー・トラック　62, 67-69
仕事志向　124, 125, 127, 129, 131-134, 137, 138, 140, 143, 145, 149, 151-155, 157-159, 163
質保証　30
質問紙調査　13, 81
GP（Good Practice）　55
社会人基礎力　31

重回帰分析　　103
就職活動　　11, 12, 24, 25, 27, 31, 36, 46, 50, 51, 54, 84, 115
就職協定　　27, 50, 51
就職支援　　3, 12, 17, 20, 27-29, 37, 46, 51, 52, 56
就職指導　　6, 9, 19-23, 25, 27, 28, 31, 40, 42, 44, 46, 47, 51, 52
就職状況　　150
就職内定率　　49, 53, 56
就職難　　2, 22, 26, 39, 43, 44, 47, 48, 50, 52, 55, 117, 159
就職氷河期　　29
就職部　　12, 19, 25, 47
就職問題　　137, 166
就職率　　21, 22, 26, 31, 46, 47, 49, 56, 133, 159
将来展望　　2, 3, 6, 8, 10, 14, 15, 57, 66, 70, 160, 165
職業観　　24-26, 29, 30
職業教育　　6, 28, 50
職業指導　　9, 20, 30
女子学生調査　　74, 84
女子学生亡国論　　35, 40
女子大學無用論　　40
女女格差　　96
女性性　　13, 16, 77-85, 87, 93-96, 98, 99, 149
女性内格差　　96
女性内分化　　13, 78-81, 95
女性らしさ　　81
進学率　　2, 3, 17, 22-24, 26, 41, 42, 44, 69, 77, 78, 99-101
新制大学　　37, 39, 41, 42
新・専業主婦　　115
進路指導　　9, 23
生徒文化　　113
性別役割　　42, 100
性別役割意識　　81, 142
性別役割観　　13, 68, 79
性別役割分業　　35, 99, 100-102, 117-121, 124, 125, 131-133, 135, 137, 144, 145, 150, 156-158, 160
性別役割分業意識　　144, 156-158, 160

専業主夫　　155, 159
選択型就職難　　22
戦略性　　83

た行

大学改革　　5, 27, 69
大学環境と学生の成長モデル　　63
大学教育　　1, 3, 4, 10, 12, 17-19, 23, 24, 26, 28, 30, 32, 33, 49, 51, 55, 61, 62, 65, 69, 70, 161
大学生調査　　1, 13, 61, 63, 72, 74, 102, 117, 139, 150
大学生の社会化モデル　　63, 66, 69
『大学と学生』　　18, 24, 54
大学文化　　69
大卒無業者　　51
多項ロジスティック回帰分析　　124, 127-130, 136
男女共同参画社会　　36, 166
男女共同参画社会基本法　　53, 56
男女雇用機会均等法　　36, 43, 45, 46, 48-51, 56, 57, 134, 159
男女の関係性　　166
男女平等　　98, 99, 132
男女平等意識　　138
男女平等化　　139
チャーター　　68, 69, 100, 116, 120
チャーター効果　　70
チャーター理論　　62, 66, 67, 69
超氷河期　　51
伝統的なジェンダー観　　98-100, 102, 103, 105, 107, 109-115, 138, 149
トラッキング（水路づけ）　　68
トロウ, M.　　4, 21, 26

な行

内定率　　12, 118
ニート　　30, 51-53, 56, 57, 134
認知的不協和　　146

は行

非正規　　51
非正規雇用　　26, 52, 134
氷河期　　117

索引　　185

Fiske, J. 83
フェミニズム 43
フェミニン・ソシアリゼーション 79
フリーター 30, 51-53, 56, 57, 134
保守化 98-101, 115, 118, 119, 135, 137, 149, 150
保守性 98, 114, 115

ま行

Meyer, J. 66
メインカルチャー 83
モノグラフ 75

や行

ユニバーサル・アクセス 4

ら行

ライフコース 2, 6, 7, 13, 36, 53, 77, 78, 88, 89, 92, 120, 121, 124, 134, 137-140, 143, 144, 146, 147, 152-156, 159, 160, 164, 166
ライフコース観 100
ライフコース選択 149
ライフコース展望 2, 3, 13, 14, 62, 67, 77-81, 85, 88, 90, 91, 93, 94, 96, 84, 113, 117-129, 131-133, 136-138, 143, 144, 146, 147, 150-154, 156, 157, 159, 163, 165
良妻賢母 99
レリバンス 10

わ行

若者文化 165
ワーク・ライフ・バランス 36, 166

著者略歴

谷田川　ルミ（やたがわ・るみ）
1969年　千葉県生まれ
2011年　上智大学大学院総合人間科学研究科教育学専攻満期退学
　　　　博士（教育学）
2011年　立教大学大学教育開発・支援センター学術調査員
現　在　芝浦工業大学工学部准教授
専　門　教育社会学
主要業績　「ジェンダーと子ども問題—女の子の生きづらさ，男の子の生きづらさ」『子どもの「問題」行動』（分担執筆，学文社，2010年）
　　　　「若年女性の家庭志向は強まっているのか？—女子学生のライフコース展望における10年間の変化—」『年報社会学論集』（関東社会学会，2010年）
　　　　「子ども時代の経験が後年に及ぼす影響—大学生から見る勉学文化の連続性に注目して—」『子ども社会研究』（日本子ども社会学会，2010年）
　　　　「戦後日本の大学におけるキャリア支援の歴史的展開」『名古屋高等教育研究』（名古屋高等教育研究センター，2012年）
　　　　など

大学生のキャリアとジェンダー
―大学生調査にみるキャリア支援への示唆―

2016年2月25日　第1版第1刷発行

著　者　谷田川　ルミ

発行者　田中　千津子

発行所　株式会社　学文社

〒153-0064　東京都目黒区下目黒3-6-1
電話　03（3715）1501 代
FAX　03（3715）2012
http://www.gakubunsha.com

© Rumi YATAGAWA 2016　Printed in Japan
乱丁・落丁の場合は本社でお取替えします。
定価は売上カード，カバーに表示．

印刷　新灯印刷（株）

ISBN978-4-7620-2593-8